人を助けるとはどういうことか

HELPING
How to Offer, Give, and Receive Help

本当の協力関係をつくる
7つの原則

エドガー・H・シャイン
Edgar H. Schein
金井真弓訳
金井壽宏監訳

英治出版

今は亡き妻のメアリーへ
きみは支援について、私が知るべきことをすべて教えてくれた

『人を助けるとはどういうことか』目次

監訳者による序文

本書は、類い稀な「支援学」への平易な入門書である。ヘルピング――人の助けになる行為が、原著の書名だ。ヘルプは「支援」、ヘルピングは「支援行為」と本書では訳しているが、いちばんいい日常語は、「相手の役に立つこと」。そして相手にそう思ってもらえる行為がヘルピングである。相手（クライアント）のイニシアティブや自律性を尊重しつつ、相手がうまく問題解決するプロセスを支えることが、本書では重視されている。そのため、専門書では「援助」と訳されることが多いが、「支援」という訳語を選ばせてもらった。

これがうまくできるようにするためには、どんな原理・原則を知る必要があるのか。本書は多数の日常的な例示を活用しながら、支援の基盤にある考え方を整理している。

著者は、ＭＩＴの名誉教授であり、組織心理学という分野の創始者でもあるエドガー・Ｈ・シャイン教授。その名前は、経営学を知る者にとっては、とりわけ組織の中の人間行動を扱う分野——組織行動論（organizational behavior, OBと略称される）と呼ばれる——では、もはやレジェンダリーな存在である。

本書の成り立ちと著者の紹介もかねて、本書を読み進む一助となるまえがきを、監訳者であり、同分野の研究者であり、著者の弟子でもある立場から、ここに記しておきたい。

ともに生きている、働いている、ということは、支え合うということに密着している。周りの人を支援するのがうまい人とそうでない人、支援をもらい生かすのがうまい人とそうでない人がいる。できれば深い叡智に依拠して、支援の達人になりたいものだ。それを正面切って取り上げた学問分野がないわけではない。たとえば臨床心理学を思い浮かべてもらったらいい。しかし、誰かを支援することが求められる関係は、普遍的に存在する。親子、友人同士、恋人同士、夫婦などプライベートライフでも、先生と生徒、先輩と後輩、上司と部下、コンサルタントとクライアントなど、学校でも、会社での仕事の世界でも、支援を伴う関係は存在する。

組織行動論の発展のために五〇年以上も取り組んで来た著者、エドガー・H・シャイン先生の究極のテーマが、この支援学となってきた展開は、非常に興味深い。先生のすべての研究と実践がここに流れ込んでいくように思われるからである。人となりと業績については解説に譲るが、シャイン先生は、この分野にオリンピックがあれば、メダリストであろう碩学でありながら、いつもにこにこと、文字どおりヘルプフルに接してくれる人物だ。大部の研究書であっても、読みやすさ、わかりやすさをいつも大事にしておられるが、本書は、身近な問題をコンパクトにわかりやすく、語りかけるように論じている。

さて、本書を読み始める前のウォームアップのために、思考実験として次の二つの例を考えてみよう。エクササイズのように記したけれども、誰にも日常生活の中で経験がありそうな支援場面について尋ねている。自分ならどういう言葉をかけるのか考え、本書を読み始める前に、頭に思い浮かべてほしい。

●エクササイズ①――「○○にはどのように行けばいいのですか」と、自分になじみの場所で、見知らぬ人に尋ねられたとき。あなたならどう答えますか。

●エクササイズ②――「一緒に行くパーティだけど、どの服を着ていけばいいかしら」と、親しい人（たとえば、娘か、配偶者か恋人）に聞かれたとき。あなたならどう答えますか。

本書を読み進めば、一見こんなに簡単な支援の場面でも、どのようにふるまうのが相手にとって最もヘルプフルか、という観点において学ぶべきことがたくさんある。その基盤にある原理・原則を、シャイン先生がどのように提示していくかは、これから中身を読んでのお楽しみだが、次の点にすぐ気づく人は、非常に勘がいい。

場所を尋ねられたときには、その人の目的地、行きたい先を聞かなければならない。○○は、目的地とは限らない。ほんとうはダウンタウン・ボストンに行きたくて迷っている人が、ＭＩＴスローン経営大学院の近くで、「マサチューセッツ通りはどこですか」と尋ねると、何も聞き返さずに、「ここからメモリアル・ドライブを川沿いに、五〇〇メーターほど、西方向に戻ってください」と答えてしまう。それでは遠回りになってしまい、よくない。そんなときには、「どちらにいらっしゃりたいのですか」とまず質問することが大事である。世の中には、相手に役立っていない一人よがりの支援（unhelpful help）があまりに多い。たいていの場合は、支援する側が、親しいクライアントについてさえ知らないことがいっぱいあるのに、ましてや見知らぬ人の質問に、いきなり「答え」――つまり、内容面でのアドバイス――を勧告してしまう。内容（コンテント）に入る前に、まず、クライアントが何を求めているのかを知る、場合によってはともに考えるための過程（プロセス）のほうが大事である、という発想が、シャイン先生の考えと実践の土台にある。これがプロセス・コンサルテーションの考え方であり、今日に至るまで、なんと五〇年以上も暖めてきたものだ。

最大の教訓は、クライアントのことを知らずに支援はできないということだ。われわれは、この無知の自覚からプロセスを開始しないといけない。親しい人なら、もっとうまく助けになれるか、といえば、そうとは限らない。

たとえば、「何を着ていったらいい」という質問で、娘は、「私もそのパーティに連れていってね」と言いたいのかもしれないし、配偶者は、「そろそろ、またドレスがほしいわ」と頼みたいのかもしれない。恋人なら、「この服似合うかしら」と言いながら、「変わらず、愛してくれているの」と確認したいのかもしれない。よく知っているつもりの相手でも、部分的には知らないことがある。だから、いきなり内容面で答えめいたもの、助言めいたものを偉そうに勧告してしまう前に、「おまえも行きたいのかい」とか、「次のボーナスまで待って、新調しよう」―何色がいいかなぁ」とか、一緒に考えるプロセスを大事にするのがいい。真の支援とは、相手が何を求めているかも知らないままの援助とは異なるのである。

シャイン先生は、本書を、奥さんのメアリーに捧げておられる。先生がメアリーと結婚されたのは、一九五六年七月だから、支援する姿そのものを最も身近な人から、これもまた五〇年間学び続けてきたことになる。

そうした二重の意味での、五〇年という熟成期間が本書にはある。

読者の皆さんは、ビジネス上の関係の中で、プライベートの交友関係の中で、身近な家族との関係の中で、そのほか、あらゆる日常の場面で、誰かが誰かを助けようとしている場面には、事欠かないはずだ。しかしながら、「この厳しい時代に支援学かよ」と思われた方は、本書を読むことによって、「こんな厳しい時代だからこそ、支援学だよ」と感じるようにぜひなってほしい。人は一人で生きているのではないし、一人で働いているのでもない。誰かに生かされ、誰かに支えられ、誰かと一緒に働いているのである。厳しくない時代でさえ、長い人生の中では、個人ごとに厳しい時期があったりする。そういうときも、厳しい時期こそ、相手の自律に役立つ実践的な支援学で助け合っていきたい。

このような考えが個人主義的と言われる米国の文脈でシャイン先生が早くから提唱されている点は非常に興味深いが、本書を手にして、ひょっとしたら支援学は、元々、われわれ日本人、またわれわれが住む日本社会が得意だったところではないかと思われるかもしれない（この点については、また解説でも触れることにしたい）。また残念なことに、そのよさが、日本の社会、とりわけ産業社会からは、ここ一〇数年、失われつつあるとも思われる。

だとしたら、厳しい時代だからこそ、お互いに相手を自律的にする支援学が大事なだけでなく、日本に一層なじむはずの支援学だからこそ、この国で今、なおのことそういう発想を大切にしたい。そんな考えに基づいた読み方も推奨されるべきだろう。

いうまでもなく、気晴らしに本を読むのとは違って、読書が生き方、働き方を少し変えることにつながるような実践的な読み方が、われわれ読者に求められることとなる。面倒なことだと思われずに、ぜひ実践につなげるように、ご自分に引き寄せて本書を読んでいただきたい。また薄い書籍なので、支援学入門中、あるいは再入門中の間は、読み終えてもバッグに入れて持ち歩き、マーカーやポストイットのある箇所を、何度でも読み返していただきたい。そうお願いして、では、本文へ。

●本文中、訳者による補足を［　］内に記している。
●原注は＊で示し、出典を巻末にまとめている。
●本書の理解を深める一助として、キーワードは☆で示し、監訳者による用語解説を巻末に掲載している。
●読みやすさに配慮し、原書にはない改行を加え、箇条書きの体裁にしたところがある。
●本書は第二版である（第一版は二〇〇九年八月に発行）。二〇一一年四月の第二版の発行に際し訳文の一部を修正した。

まえがき

支援とは、人間関係の基本である。幼児に食事を与える母親。物事の実現に手を貸す恋人や友人、配偶者。チームの成功のために自分の役割を果たすメンバーの一人ひとり。患者を助けるセラピスト。個人やグループ、組織の働きを向上させるために助力する組織のコンサルタントやコーチ。支援は物事を推し進めるための基本的な人間関係である。日常生活では支援を当然の行為ととらえているため、この言葉を意識するのは、支援するのが当たり前の状況で「助けにならなかった」と言われる場合だけだ。また、日々の暮らしにおいて支援は普通の行動だが、意外にも、これが関係する感情的な動態《ダイナミクス》についてはほとんど知られていない。

公式の支援については、数多く言及されている。たとえば、サイコセラピスト（心理療法家）やソーシャルワーカーに関して、ほかにも専門家が行う人的サービスに関しては資料も多い。だが、友人を助けようとしたのにそっけなく断られたのはなぜか、何が悪いのかといったことについては、あまりわかっていない。溺れかけた人を救おうと水に飛び込んだ人間が、救出中に相手の肩を脱臼させた件で訴えられるといったことが、どうして起こるのか。経営者へのコンサルティング・レポートの多くがゴミ箱行きになってしまうのは、なぜか。処方薬を患者がのまないといって、医師が不平を言うのはどうしてだろう。

われわれは本能的に、または経験から理解しているが、公式な支援をするには、支援者と「クライアント」――支援を受ける人々を私はこう呼ぶが――との間に、ある程度の「理解」と「信頼」がなければならない。支援者にとって「理解」が必要なのは、いつ支援を申し出ればいいか、助けを求められた場合はどうすれば役に立つかを知るためである。クライアントにとって「信頼」が必要なのは、真の問題は何かを突きとめるためだ。そして、提供された支援を受け入れ、支援者との会話から生まれた解決策を実行するためである。

セラピーに関する書籍には、信頼を築くうえでの注意事項が山ほど述べられている。だが、支援したりされたりという日常の繰り返しの中で信頼をどう築くか、信頼が存在するか否かをどう見分けるか、信頼をどう維持するかなどについてはあまり理解されていない。特に、支援が必要な状況は展開が速くて注意する余裕もなく、時間の制約がある場合が多い。今夜の上司との重要な面談にどのスーツを着たらいいかと夫から助けを求められた妻は、セラピストが新規の患者を初めて診る場合に用いる質問などしない。目の不自由な人に交通量の多い交差点を渡る手助けを申し出るとき、信頼関係を築いてから相手の腕をつかんで歩き出そうと思う人などいないはずだ。だが、そんな場合ですら、目の不自由な人が「いえ、結構です」と言って一人で歩き出せば、われわれはこう思うに違いない。気を悪くさせたのだろうか、それともあの人は支援を断って、不必要な危険に身をさらすつもりなのだろうか、と。おそらく理由はわかるまいが。

支援に関する一般理論は、あらゆる状況における効果的な支援と、効果的でない支援との違いを説明できなければ役に立たない。それには曲がり角で道を尋ねた人に方向を教えるといった、ごく単純な支援も含まれる。そうした理論の構成要素を作り上げていくためには、人間関係に何が含まれるのか、真の信頼とは何かを分析する必要がある。

まずは、すべての人間関係が、立場の問題や社会学者が「状況特性」と呼ぶものに絡んでいるという考えから始めよう。人はどんなに高いものであれ低いものであれ、自分にふさわしいと感じる立場《ポジション》や地位《ステータス》を与えられたいと望んでいる。そして、状況に適した行動をとりたいと思うものだ。人は前進するか、そのまま留まろうとする。さらに、自分がどれだけ損をするか得をするかで、あらゆる相互関係を判断するのだ。自己の目標について適切な行動をとれば、達成感を得られる、良好な関係が生じる。そうした目標は、同じ状況にある誰もがいくらか得をするというものが理想的だ。

支援の状況がほかの状況と違うのは、誰かに何かを成し遂げさせようと、人が意識的に手を貸そうとする点である。人は支援を行う関係に時間や感情、アイデア、さまざまなものを注ぎ込むため、お返しを期待してしまう。たとえそれが、感謝の言葉だけだとしても。支援がうまくいけば、助けた人も助けられた人も、それなりの地位を獲得できる。だが、残念ながらうまくいかない場合が多く、地位を失う危険も生じる――必要とされているときに支援しなかったり、必要でもなければ望まれてもいないときに支援しようとしたり、あるいは間違った手助けをしたり、長期にわたる支援が必要なのに途中でやめたり、といった事態になるのだ。

本書は、支援を行う人間関係のダイナミクスを分析し、そうした関係における信頼の重要性を説明している。また、支援しようとする人は、支援が本当に受け入れられたかどうかを確かめるべきだという点や、支援を受ける人はそのプロセスが円滑に進むように行動すべきだという点も明らかにした。

私は支援に関して、社会的ダイナミクスも心理的ダイナミクスも同じだと信じるようになった。道を教えることや、クライアントへの組織レベルのコーチング、病気の配偶者の介護といったことについて話すかぎり、その二つのダイナミクスは同様なのだ。そこで本書では、自分の仕事や私生活で経験した、多岐にわたる事例を用いている。私はセラピーもテニスの指導も受けたことがあるし、ほかにもさまざまな形の支援を受けてきた。支援する側としては、夫であり、三人の子供の父親で、七人の孫の祖父である。多くの授業で教鞭をとり、個人や組織をクライアントとしてコンサルタントも務めた。乳癌を患った妻を何年も介護した。こうしたさまざまな状況の共通点を通じて、支援というものの、より普遍的な理論を打ちたてられるようになるだろう。

本書の構成

この本は学問的な研究書ではなく、エッセイ風のスタイルで執筆されている。私はハーバード大学の社会関係学部☆で訓練を積んだおかげで、社会学と人類学に関する多くの知識を得た。そしてこの二つの学問は、社会現象を、社会的および心理学的に分析する上で充分に活用されていないと、つねに感じてきた。とりわけ、シカゴ学派が確立した「シンボリック相互作用論」は、支援というものを分析するのに最も適切だろう。この理論は初め、C・H・クーリー*1、G・H・ミード*2、E・C・ヒューズ*3、H・G・ブルーマー*4によって打ちたてられ、アーヴィング・ゴッフマン*5の著書で目覚ましく広範囲にわたって知られるようになった。社会的行動を詳細に分析したゴッフマンの著書は、非常に洞察に富んでいる。私はウォルター・リード陸軍病院に在任していた間、ゴッフマンと親密な関わりを得た。彼はそこで一九五三〜一九五六年の間、コンサルタントを務めていたのだ。その後も、私は社会学の同僚であるジョン・ヴァン・マーネン*6との共同研究の中で、こうしたタイプの分析に着目し続けた。

第二の、そして非常に強力ないくつかの洞察は、ナショナル・トレーニング・ラボラトリー（NTL）☆と仕事をした数十年間から生まれた。私は同機関で感受性グループのテストを行い、メイン州のベセルにある学習実験室《ラーニング・ラボ》の企画に参加した。グループにおける個人的な学習だけでなく、グループ・ダイナミクスやリーダーシップにおいての、その時代の研究者たちの影響力は意義深かった。特に名をあげたい人たちは、ダグラス・マクレガー、リー・ブラッドフォード、ケン・ベニー、ロン・リピット、ゴードン・リピット、ハーバート・シェパード、ウォレン・ベニス、ジャック・ギブ、クリス・アージリス、エディとチャーリーのシーショア夫妻、そしてディック・ベッカードである。

こうしたグループとの交流や、共同で展開されたワークショップにより、人間関係のプロセスが重視された。プロセスの重視にシンボリック相互作用論が加わって、私自身のカウンセリング・スタイルを築く上での推進力となった。それを私は「プロセス・コンサルテーション」[*7]と名づけた。さまざまなコンサルティングの経験から生まれた洞察のおかげでわかったことがある。すなわち、支援とは組織のコンサルタントにとって重要な要因であるだけでなく、それ自体が分析を必要とする、社会的プロセスの核だということだ。

本書は、われわれにとって極めてありふれた経験を概念化するための演習《エクササイズ》である。支援に関する調査のすべてを取り上げるつもりはない。この本を学問的な論文にする気はないからだ。その代わり、本書は支援に関して読者の理解やスキルを高める、実際的な洞察を提供している。読者が認識すべきなのは、最近、支援やコーチング、コンサルティングを分析したものの大半が、心理学的な要素に注目してきたことだ。たとえば、気質や人格などである。私の見解によると、そうした要素と同じくらい重要なものは、支援のような人間関係を理解するための鍵を文化的・社会的観点から見るべきだということだ。

ユーモア作家のスティーブン・ポッターは、相互関係という社会的ルールへの理解を基にして、地位を得たり、相手を貶めたりすることを望む場合に、主人公たちがこうしたルールをどう生かせるかを、半ば本気で作品に描いた。彼の著書の『駆け引き』[*8]と『先に貸しを作る』[*9]で引き合いに出されている例は明らかに風刺的だが、ほとんどの場合、われわれがいつもまわりに見かけるものを少し変化させただけだ。この二つの題名が、日常生活で普通の言葉になっているのは偶然ではない。社会的目標よりも立場という形式のほうが一般的であることを表しているのである。

支援とは人間関係の特別なものであるため、その特殊性を心に留めておかねばならない。その点で、私はエレン・ランガーの、独創性に富んだ著作からもかなりの刺激を受けた。とりわけ『心はマインド…――〝やわらかく〟生きるために』[*10]に影響を与えられたが、これはゴッフマンが行った対人関係についての効果的な調査を内面から探求した作品だ。

社会生活というものが部分的には経済で、部分的には演劇だという私の基本的な説は、言うまでもなく、学問と哲学の長い間の慣習に基づいている。文化的な普遍性はほとんどないが、人類学者の意見によれば、どの社会も階層的で、あらゆる社会的行動は相互的なものだという。支援のプロセスに関する私の見解や主張は独自のものだが、これらの社会的で人類学的な二つの前提に基づいている。社会的相互作用への見解をやや変えて、日常生活で支援が演じる役割を考えることにより、われわれの理解は深まるだろう。

第一章では、支援のさまざまな形を取り上げている。これは支援という概念がどれほど広く、また深い範囲にわたっているかを明らかにするためだ。第二章では、経済や演劇の言葉やイメージが、あらゆる人間関係の基本を理解する上でいくらか助けとなることを示している。第三章では、こうした概念が支援関係に適用され、そのような関係が初めのうちはどれも不安定で曖昧だという要旨が述べられている。第四章では三種類の支援の役割について述べ、支援関係はつねにプロセス・コンサルテーションから始めるべきだと主張している。第五章が重点を置いているのは、控えめな問いかけ《ハンブル・インクワイアリー》を用いて支援関係を始める方法である。そして、その詳細な例を第六章で述べる。第七章と第八章では、こうした支援モデルによって、チームワークやリーダーシップ、組織の変革マネジメントの重要な側面の理解がどれほど現実に容易になるかについて示した。第九章は、いくつかの原則と、支援しようとする人々への助言で締めくくっている。

◆謝辞

本書を多くの友人や仲間たちに捧げたい。私の発想を立証したり、試したりするいずれの段階でも、彼らはおおいに力を貸してくれた。オットー・シャーマー、ロッテ・ベイリン、ジョン・ヴァン・マーネン、デビッド・コフラン、スー・ロッツ、メアリー・ジェーン・コーナッキに心からの感謝を捧げる。とりわけ、ベレット・コーラー社の原稿査読者たちに感謝する。彼らは私の草稿に詳細なフィードバックを与えてくれた。ジョーン・ガロとマイケル・アーサーは完成した草稿を読んで、さらに助けを与えてくれた。そのおかげで、私はいくつかの発想をより明確にすることができたのだ。

この本の執筆中に妻は世を去った。だが、一五年にもわたって乳癌と闘ったのち、半年間の最後の闘いをした妻は、支援や介護に関する考えに多くの糧をもたらしてくれた。ともに過ごしたすばらしい五二年間の礼を妻に言いたい。そして創造的な雰囲気の家庭を築いてくれたことにも。おかげで私はいつも執筆を退屈な仕事ではなく、楽しいものと思うことができたのだ。

二〇〇八年九月十五日　マサチューセッツ州ケンブリッジにて

エドガー・H・シャイン

1

人を助けるとはどういうことか

役に立つ支援と役に立たない支援

支援とは複雑な現象だ。役に立つ支援と、役に立たない支援とがある。本書はこの両者の違いを明らかにする目的で書かれている。教授として、ときにはコンサルタントとして働いてきた経験から、私はしばしば考える。何が人の役に立ち、何が役に立たないのか。順調にいくクラスもあれば、うまくいかないクラスもあるのはなぜか。公式な講義よりも、コーチングや、経験に基づく学習のほうが成功を収める場合が多いのはなぜか、と。組織レベルでクライアントに関わるとき、物事の内容よりもプロセスに、つまり、何がなされるかではなく、どのようになされるかに注目したほうが、うまくいくのはなぜだろうか。

本書での私の目標は、支援が求められたり必要とされたりするときに真の支援ができ、支援が必要だったり提供されたりしたときに受け入れられるだけの充分な洞察力を読者に与えることだ。どちらも、われわれが願っているほど容易でない場合が多い。

たとえば、ある日のこと、妻とのトラブルにどう対処したらいいか教えてくれと友人が私に助言を求めてきた。私がある提案をしたところ、そんなことはとっくに試したがうまくいかなかった、と彼は不機嫌に答えた。そのうえ、そのような提案をするなんて無神経だ、とまで言ったのである。その経験から私は、これまでに見聞きした、ほかのさまざまな状況を思い出した。どれも支援が求められたり提供されたりしたが、まずい結果に終わり、不快になったものだ。

それから、役に立った支援の例を思い出した。ある日、私は車を運転していた女性から自宅の外でこう尋ねられた。「マサチューセッツ通りはどちらですか」。目的地はどこなのかと尋ねたところ、彼女がボストンのダウンタウンを目指していることがわかった。そこで私は、あなたが走っている道はダウンタウンにまっすぐ通じているので、マサチューセッツ通りに向かう必要はないですよ、と指摘した。女性は何度も礼を述べた。自分が尋ねた道に行かされなくてすんだからだった。

支援する側としてもクライアントとしても、最もありがちだった役に立たない支援はコンピュータに関するものだ。電話相談窓口に助けを求めると、どんな助けが必要かを判断しようとして係の者が用いる質問さえわからない場合が多い。問題を解決するために踏むべきいくつかのステップを、パソコンのインストラクターから教えられるとき、どうすれば話を遮れるのかわからないのだ。「ちょっと待ってください。そもそも最初のステップがわからないんですが」、と。一方、別のパソコンのインストラクターを雇ったとき、パソコンの使い方を覚える上での個人的な目標は何かと尋ねられたことがあった。インストラクターは、まず執筆のためにパソコンを使いたいという私の欲求を引き出すと、執筆がもっと楽になるためのプログラムやツールをすべて示してくれた。実にすばらしかった。もっとも、妻からパソコンの使い方を尋ねられるたび、教える側に立つ私は、自分が教えられたときと同じ罠に陥ってしまう。その結果、妻には手に負えない状況となり、二人して苛立ちを覚えることになるのだ。

友人や編集者、コンサルタント、教師、コーチは、その時点での私の問題とまったくかけ離れた提案や申し出をする場合が多い。そうした人々をできるだけ穏やかに無視しても、勝手に私を助けようと決めた人は、苛立たしげな口調でこんなことを言う場合が多い。自分は役に立とうとしているだけなのに、支援を受け入れようとしないあなたはどこか間違っている、と。

私の子供の一人が、算数の宿題を手伝ってほしいと頼んできたことがあった。そこで、私は自分の仕事を中断し、娘のために問題を解決してやった。だが、娘はありがとうも言わずに、ふくれっ面で離れていったのだ。私は間違ったことをしたのだろうか。別の状況だが、やはり子供が宿題の手伝いを頼んできたことがあった。私はこう言った。「ちょっとおしゃべりでもしようか……」。すると、娘は宿題と無関係の、学校での仲間づき合いの深刻な問題について話したがっていたことがわかった。私は娘とたっぷり話し、二人ともずっと気分がよくなったのだ。

医師やセラピスト、ソーシャルワーカー、そしてあらゆる種類のコーチたちは、最善と思って行った支援が、なぜか失敗に終わった経験をしたことがある。私はさまざまな組織でのコンサルタントやマネジャーへのキャリア・コーチとして、彼らが持ちかけた問題に解決策を与えることが多い。そして、あとになって気がつくのだ。私の助言は役に立たなかった上、クライアントは私が提案したことを実行できないし、実行しようという気もないだろう、と。また、コンサルタントをしていて、こんなことがよくあるのを思い出す。グループ・ミーティングで誰かが不適切な行動をとっているとき、私が介入してそれを指摘すると、助けになったと、かなり感謝される。しかし結果として、そうした行動がまったく変わらないことに気づくだけなのだ。

言うまでもなく、支援とは一対一の状況のみで行われるものではない。グループの努力やチームワークは、グループの任務を達成する上で、メンバーが自分の役割をどれだけきちんと果たすかに左右されることが多い。通常私たちは、成果をあげるチームとは、任務の遂行にあたって、どう協力し合うべきかをよく知っている集団だ、とは考えない。しかし、それこそが優れたチームワークなのである——すなわち、相互の支援が成功しているのだ。とはいえ、「助け」という言葉がチームワークと関連して用いられるのは、支援が見られない場合だけであることは興味深い。たとえば、グループのメンバーの一人が仲間にこんなふうに言うときである。「あなたがやったことは助けにならなかった」とか「どうして、もっと助けになってくれなかったのですか」と。

チーム内での支援が最もわかりやすいのは、団体競技の場合だ。そこでは、ある選手が得点する能力は、ほかの選手がパスしたりブロックしたりするスキルにすべて依存している。アメリカン・フットボールでは試合に勝ったあと、サポートしてくれたお礼にと、得点をあげた選手が自チームのラインマンを食事に連れ出すといった話がよく聞かれる。これに関連して、クォーターバックが相手につかまったり、ボールを持った選手がラインの後ろでタックルされたりした場合は、明らかに支援が失敗したのである。

支援したり、支援されたりすることに、見た目以上のものがあるのは確かだ。実のところ、普通だがとても重要と思われるこの人間的なプロセスは、困難を伴い、成功しない場合が多い。支援は重要だが、複雑な人間的なプロセスであるという前提から、本書は始まっている。私は支援することや支援されることの真の意味を研究している。このプロセスには心理学的、社会的、そして文化的な罠がついてまわるが、それを避けるにはどうすべきかについても分析した。ここまで述べてきた例が示すように、医師や弁護士、牧師やソーシャルワーカーといった専門家からの支援以外にも、支援はさまざまなものに及んでいる。では、支援とはいったい何か。支援を成功させるには、どうすればいいのだろうか。

支援はあらゆる状況で生まれる

支援とは、かなり広い範囲にわたった概念である。光り輝く鎧を身につけた騎士が、ドラゴンに食べられる寸前に乙女を救うことから、組織相手のコンサルタントが新たな戦略目標に一致させたり、業績をあげたりするために企業の文化を変えたりすることまで含まれる。クライアント側から見ると、支援とは自分が求めたものだけでなく、たとえ頼まなくても、必要とすることに気づいてくれた他者の自発的で寛大な行為も指している。

何らかの支援が関わった、日常の状況を考えてみよう（表1―1参照）。公式《フォーマル》の状況でも非公式《インフォーマル》の状況でも支援は発生する。そして表1―1に記された役割の多くは、日常生活のさまざまな状況で自らふるまうよう求められるものだ。さらに一歩進めると、支援はあらゆる組織や仕事の形態に本来備わっている。なぜなら当然だが、すべての仕事を一人でこなすのは無理なため、われわれは組織を創るからである。実を言えば、支援に金銭を払うという行為は、使用人や介護者を雇うことだけを指すのではない。自分にはできない特殊な仕事をするために雇われた、組織のあらゆる従業員にも同様に当てはまる。したがって、仕事上の義務を果たすということは、支援の日常的なやり方でもある。上司と部下との間に生じる緊張感を考えてみよう。任務を達成するために部下が力を尽くさなかったり、仕事を完成させるための時間やそのほかの資源を上司が与えなかったりした場合に、そんな緊張感が生じる。社員とその上司とは、互いに相手から期待できそうな支援に基づいて、一種の心理学的な契約を結ぶわけである。

このコンセプトの性質をさらに明らかにするため、何らかの点で支援を意味する言葉がどれほどあるか見てみよう（表1―2参照）。ここにあげた支援のプロセスに共通するものはあるだろうか。支援を提供したり与えたり、求めたり、または受け入れたりする能力を向上させるために、支援者《ヘルパー》もクライアントも理解すべき文化的な意味はあるだろうか。支援にはさまざまな形があるが——体を使った手助け、精神的な支え、情報、見極める目、助言、忠告——それらは区別する必要があるだろうか。どのような共通点や相違点があるのか。

公式の支援と非公式の支援

日常生活において、支援とは、自分以外の人間の力添えで問題が解決したり、何かを達成したり、物事をより容易にしたりすることができることである。支援された人は、その物事を自分一人で成し遂げられたかもしれないし、無理だったかもしれない。とにかく支援には、どうにかして物事をより楽なものにしてあげようとか、極端な場合は、すべてをやり遂げてあげよう（溺れかけている人を救う場合など）といった意味合いが込められている。このように支援とは、協力や協調、それ以外にもあらゆる利他的な行動の基盤となるプロセスなのである。私はこうしたカテゴリーを「非公式の」支援と呼ぶことにする。どんな文化でも、こういった支援は慣行化しており、文明的な社会の基礎を成すものと見なされている。おそらくこれには遺伝的な根拠がいくらかあるだろう。というのも、人以外の動物もこうした行動をとることが知られているからだ。支援は、われわれがマナーや、礼儀正しい態度というルール、倫理や道徳にかなった行動と考えるものの一部である。そうした支援は日常的につねに発生している。支援の

● 表1-1　支援のさまざまな形

- 旅行者に道を教える見知らぬ人
- 子供の宿題をしてあげる親
- パーティに着ていく服について助言する配偶者
- 患者が用を足すのを手助けする看護師
- 出そうで出ない言葉を言う手助けをしてくれる友人
- 皿洗いを手伝おうと申し出る客
- 生徒に概念を説明する教師
- コンピュータ関連のトラブルシューティングを順に説明してくれるコンピュータの専門家
- 悩みのある人に助言を与える、身の上電話相談サービスや、自殺防止ホットラインのオペレーター
- 新しい携帯電話やビデオゲームの使い方を友人や親にやってみせる子供
- 何らかのスキルの上達方法をクライアントに示すコーチ
- 適切なタイミングで外科医に手術器具を手渡す、手術室担当看護師
- アメリカン・フットボールで、ボールを持って走るプレーヤーが抜けられるように、敵に体当たりして抜け道を作るブロッカー
- 部下の扱い方について経営者に助言する、管理職向けのコーチ
- 相方が落ちを言って笑いをとれるようにお膳立てする、即興劇のメンバー
- 解雇された労働者に新しい仕事やキャリアが見つかるよう支援するカウンセラー
- 仕事の改善を部下に助言する上司
- 工場の組立ラインが動き続けるように、自分のパートを時間どおりにこなす、組立ラインの作業員
- 病人を助ける介護士
- 離婚の対処方法をクライアントに助言し、指示する弁護士
- 経済危機を乗り切る方法を家族に提案するソーシャルワーカー
- 問題行動や情緒的障害に対処するため、クライアントと話し合う心理療法士
- 罪悪感や悲しみ、不安への対処法を教区民に示す牧師
- 患者を診察して処方箋を出す医師
- 嘆き悲しむ遺族が死に耐えられるよう助ける葬儀屋
- 組織の能率をあげようとするコンサルタント

● 表1-2　支援に関するさまざまな言葉

補助する	コーチング	説明する	指導する	案内する
助成する	コンサルティング	促進する	仕える	供給する
助言する	カウンセリング	与える	提供する	援助する
介護する	役に立つ	導く	指示する	教える
触媒作用を及ぼす	可能にする	渡す	勧める	伝える
		向上させる	示す	

求めや申し出を無視してはならないということを覚えておきたい。曲がりなりにも対応しなければ、社会の仕組みにいくぶん問題が生まれ、当事者は気まずい思いをすることになる。

支援の次の段階は、「準公式の」ものと考えていいだろう。それは家や車やコンピュータや視聴覚機器といったさまざまな種類の専門家に、助けを求めるような場合である。われわれは何かをうまく働かせるために助けを求め、あまり個人的には関わらず、提供されたサービスや情報に対して支払いをする。こうした領域では、クライアントも支援者も非常に苛立たしい経験をする場合が多い。なぜなら、それらは扱いやすいのが当然だと見なされるし、コンピュータで必要とされるような新しい言語や方法は敬遠されるからである。

「公式の」支援が必要とされるのは、個人的な面や健康面、または感情面で問題にぶつかり、資格を持った人間から医療サービスや法的な支援、精神的な支えを受けなければならなくなったときだ。われわれは医師や弁護士、牧師、カウンセラー、ソーシャルワーカー、心理学者、精神科医のところへ行き、個人的に関心を向けてもらう。経営者や、組織のリーダーとして、管理や業績面で問題が生じた場合、人は多様なコンサルタントのもとへ行く。こうしたケースでは、専門家から支援を得ることになる。より公式のプロセスになると、契約書やスケジュールを伴い、サービスへの対価として金銭やほかの貴重品のやり取りが出てくる。支援の分析は、大半がこうした公式のレベルのものを扱っている。だが、非公式の支援や準公式の支援のほうがはるかに一般的だし、仮に支援が効果的に与えられたり受け入れられたりしなくても、より優れた結果につながる場合が多い。

公式の支援が、日常的な非公式の支援や準公式の支援と違うかどうかを考えてみよう。訓練を受けて資格を持つ有能な支援者は、多かれ少なかれ支援を成功させるために、どんなことを行うだろうか。そして、あまり公式でない場でわれわれがスキルを高めるには、どんなことを学べばいいのだろう。同様に関係があるのは、訓練された支援者が、非公式の支援や準公式の支援というダイナミクスをこれまで以上に詳しく調査すると、何を学べるかといった点だ。

支援は社会的プロセスである

支援には二人以上の人間が関わっているため、支援関係というものをどう考え、どう定義するかに焦点を合わせたい。そうすることによって、今度は、人間関係にどんなものが含まれているかという議論が生まれるだろう。よい人間関係とは何か、互いを信じ、率直なコミュニケーションができる人間関係とはどのようなものかについても議論したい。

あらゆる人間関係は文化的なルールに左右されている。それは円満に実り多い交流をするには、互いにどう関わるべきかを伝えるものだ。これはマナーとか、気配り、あるいはエチケットと呼ばれている。公然となされる振る舞いの根底には、社会がうまく機能するように従わねばならない強力なルールがある。こうしたルールの中には状況に応じて変わるものもあるが、普遍的なルールがどの文化にもいくつか存在する。そうしたルールに違反した場合、仲間外れにされたり、孤立したりすることになる。ずっとつき合いがある相手がルールに違反すると、人は立腹したり、当惑したり、人間関係がよくなかったのだろうかと疑ったりする。なんの支援もされないとクライアントが感じたり、拒絶されたとか無視されたと支援者が感じたりすると、信頼感が失われたり、気持ちを傷つけられたりする結果になるかもしれない。

支援は一つの人間関係だが、準公式の、あるいは公式の支援を申し出たり、与えたり、受けたりするプロセスは通常、個人の判断から始まる。われわれが理解しなければならないのは、支援者になる可能性がある人と、クライアントになる可能性がある人との最初の接触から、支援を生み出す関係へとどう発展していくかということだ。支援を与えようとか、申し出ようとか決めた人がいて、その行動が支援関係につながる場合もあるし、誰かが支援を求め、それが支援関係という結果になる場合もある。チームのリーダーがメンバーをまとめ、人間関係を築くプロセスを作れば、メンバー同士が互いに助け合うことになる。経営者がさまざまな部署をまとめるのをコンサルントが手伝えば、組織が任務を達成する中で、部署同士が助け合えるだろう。グループやコミュニティが、支援を必要としていると自ら認識する場合もあるが、誰かが必要なことを明白に提起しなければならないこともある。そうすれば、相関的な支援のプロセスが作り出される。

したがって、まず注目すべきことは、個人のイニシアティブをどのようにして人間関係につなげるかという点である。関係を築くダイナミクスを理解していれば、より効果的な支援関係を築くことができるだろう。

次の章では、関係を左右する究極のルールのいくつかを検証し、それが支援関係にどう適用されているかを検証するつもりである。支援関係における不公平さと役割の曖昧さを探りたい。また、関係のバランスがいったんとれて快適なものになったときに支援者が演じられる別の役割や、そうした関係の築き方、クライアントと支援者の関係を仲介する方法についても分析する。

2 経済と演劇

人間関係における究極のルール

われわれは人生の早い時期に、二つの文化的な原則を学ぶ。最初の、そして最も重要な原則は、二つのグループの間におけるあらゆるコミュニケーションが、相互的なプロセスであるべきだということだ。または少なくとも、公平で適正なものでなければならない。人は社会経済のルールを覚えて初めて社会を乗り切り、心地よく暮らすことができる。最も簡単な事例をあげるなら、物をもらったり、何らかの意味で贈り物と見なされるものを受け取ったりしたとき、「ありがとう」と言わなければならないと、子供が学ぶことだ。「ありがとう」という言葉は返礼であり、お返しの行為である。それが意思の疎通を密にし、相互関係を公平で適正なものにする。同様に、話しかけられたときには注意を払わねばならないことも子供は覚える。「払う」という言葉は、相手が何らかの価値を持った情報や説明を提供していることを認めたものだ。いずれわかるだろうが、人はあらゆる人間関係で返礼を期待している。返礼をしなければ、腹を立てる人が出てくるし、関係の悪化につながるだろう。

二番目の基本的で文化的な原則は、文明社会におけるあらゆる関係の大部分が、年少期に演じるすべを身につける、台本どおりの役割に基づいているということだ。その役割はあまりにも本能的であるため、意識すらしない場合が多い。われわれは自分の役割をきちんと演じねばならず、しかもそれは与えられた状況に調和しなければならない。二人の人間が話す場合、どちらが演技者（話す側）で、どちらが観客（聞く側）かを決める必要がある。二つの役割は非常に速く切り替えられるが、社会的相互作用がうまく働くようにするため、互いに補足し合わねばならない。相互作用に含まれる本当の経済価値は、この第二の基本的な原則――状況の定義によって定義されている。この定義によって人が演じるべき役割が明確になり、その役割につけ加えるべき価値は定まる。もし、私があなたに何か重要なことを告げようとしていると、口調や態度で示せば、それによって状況や各自の役割ややり取りが決まる。あなたはより注意深い態度を反射的にとり、じっくりと耳を傾けるつもりであることを行動で示すだろう。何か大切なことを聞くと期待するはずだ。だから、私がそのときあなたがしていたことから気をそらさせようとしただけだとわかれば、腹を立てて、苛立つだろう。私は自分が定めた状況にふさわしい役割を演じなかったのである。

日常生活の普通のプロセスは、このような状況の定義の連続だ。それによって、どんな役割をわれわれが演じるべきか、他人に対して何を望むべきかがわかる。たとえば、より高いステータスを持つ人が現れると、敬意を払うことが求められる。部下たちと一緒にいる上司は、状況からして自分の地位にふさわしい態度をとることを要求される。このように、人は自分の役割や他人の役割に価値を付与する方法を学ぶ。人間関係での公平さや適正さは、実際の地位と一致するわけではない。だが、関係者の相対的な地位や特殊な状況を考慮して、適切な行動をとることが必要だ。個々の関係者が求める価値は状況によって決まる。大きな会合で講演者として紹介されれば、私はより高い評価を要求できるし、聴衆はより敬意を払ってくれる。会合のあとで酒を飲みながら参加者と話す場合は、私に高いステータスがあることは変わらないが、もっとくだけた雰囲気でいいし、それほどの評価も要求しない状況になっている。そのため、参加者は前よりも気さくな態度で私に接することができるのだ。

口語的な表現をすれば、こうした価値観は「面目」と呼ばれている。どんな相互関係においても、双方がある程度の面目を要求する。そして返礼のルールによれば、要求を出された側はそれを認めるか、相手の面目を立ててやることが必要である。仮に、私が「あなたに話したいことがあります」と言ったとしよう。私はあなたにとって価値があると思われるものを知らせたいと主張しているわけだ。すると、自分が話さずにじっと耳を傾け、注意を払うことはあなたの義務になる。ここでまた、「払う」という言葉が用いられている。同様に注目してほしいのは、人間関係におけるいわば投資について語っているということだ。関係に投資することによって社会関係資本が築かれ、のちに求めに応じてそれを引き出すことができる。

仮に、われわれが話を聞かなかったり、何らかの方法で恥をかかせたりして、相手の要求を受け入れないとしよう。すると相手は面目を失い、われわれは無作法だとか好戦的だとかいった印象を与えるだろう。そうした意味で、要求を受け入れてやらなければ、双方が面目を失うことは自明の理である。これに反して、要求を丁寧な態度で受け入れようと決める場合もあるかもしれない。賢明な言葉や態度で応え、より高い地位《ステータス》を承認する結果、自分自身がもっと高い要求を出しても認められるだろう。したがって、社会的相互作用とは、双方の面目を保つという微妙なバランスが必要な行為か、地位《ステータス》を得るための機会である。スティーブン・ポッターはこれを「先に貸しを作る」と表現している。

状況に応じた役割やルールは、われわれが信奉する型どおりの価値観にとって代わることもある。たとえば、嘘をついてはいけないと教えられた子供が、近所の太めの女性が歩いているときに、「太った女の人」と呼んではだめだと学ぶ場合がそれだ。実を言えば、成長というプロセスは、いつ率直になり、いつ如才ない態度をとるかといったことや、答えにくい状況では見ないふりや聞かないふりをするといったことを知るものなのである。この自分を抑えたり嘘をついたりできる能力から、人間関係における信頼の問題が生じてしまう。誠実さや調和、信頼性。こうしたものは、さまざまな役割を通じて矛盾がないと思われるのはどれか、ある人の表向きの顔が内面の価値観とどれほど一致するか、に関する程度を反映している。

務めを果たす大人であるわれわれは、日々の生活で数限りない役割や台本を学んでいる。それによって、遭遇したり作り出したりする多様な状況を識別するプロセスが円滑に進むし、普段突きつけられるさまざまな関係にどうにか対応できるだろう。あとで検討するが、こうした文化的なダイナミクスは支援を行う状況で不可欠のものだ。なぜなら、クライアントも支援者も、自分の面目を保ちながら状況に直面するからである。そのため、支援関係がどう展開されるかは、支援者に対してクライアントがどの程度の価値を与えるか、クライアントに対して支援者がどの程度の価値を与えるかによる。どちらのケースでも、互いが相手に持っている信頼感の程度が影響してくる。こうしたダイナミクスをもっと詳しく調べてみよう。

社会的経済学——支援という社会的通貨

［社会的経済学の定義については解説（二五三頁）を参照］

仮にあらゆる文化が、人間関係においてどれだけ相手を尊重しているかを定義する公正さや互助といったルールで支配されるとすれば、交換される社会的通貨は何か。それは愛情、思いやり、認識、受容、賞賛、そして支援である。実のところ、広い意味での支援とは、社会の一員の間でやり取りされるうちで最も重要なものの一つだ。というのも支援は、人が表す愛情やそのほかの思いやりの感情を表現する主な方法だからである。非公式の支援は当然のものと見なされることが非常に多いため、気づかれない場合がよくあり、支援とさえ認識されない場合もありうる。支援を期待したのに、得られないとなって初めて、それがないことに気づく。そしてわれわれは支援を与えなかった相手に対して批判的な反応を示すのである。つまり、人は誰かに支援を求められたら、それを与える義務があるということだ。与えられない場合は、納得してもらえるだけの理由が必要である。同様に、誰かが支援を申し出たら、提供された人間には受け入れる義務が生じる。受け入れられない場合は、それなりの理由が必要になる。支援を要求した人は何らかの反応を求め、申し出た人は感謝の言葉を期待する。「助けてくれない」という評価は間違いなく否定的な言葉である。そう評価された人は、グループの一員として信頼できるだろうかという疑問を持たれることになる。

われわれが自分自身や相手に置く価値の程度は、社会的行動や口にする言葉、見せる表情を通じて伝えられる。どれほどのものを要求するか、要求する人間の面目をどれくらい守らねばならないかといった、暗黙の経済上のルールは、文化や慣習によって異なる。しかし、日常的に使う言葉から、相互関係における社会的行動が経済的性質をもっていることがよくわかる。

日々の相互関係で使われる、経済絡みの言葉を考えてみよう。「注意を払《ペイ》う」「敬意を払《ペイ》う」「社会的負債を払《ペイ》い終える」「賛辞を贈《ペイ》る」「報いを受ける《ペイ・ザ・パイパー》」といった言葉がそうだ。さらに、セールスの概念が入っている言葉もある。「自分を過小評価する《セル・ショート》」「見解を売り込む」「刑務所に送られる《ソールド》」［ソールド（sold）は売られたという意味］、といった表現がそうだ。皮肉たっぷりにこう尋ねる言い方もある。「彼は今日、何を売り込もうとしているのかな」。当然ながら、売りがあるところには、買いもある。善意は買ってもいいが、あり得ない話は買わないものだ、というように。人々が駆け引きする上での方法を指摘する言葉や、そうした取引を追跡する言葉は数多くある。あなたは自分を「正当に評価《デュー》」［デュー（due）には当然支払われるべきものという意味がある］してもらうことを求めるし、評価されなければ、「不公平に扱われた《ショート・チェンジド》」［元々は釣り銭が少ない、という意味］と感じるかもしれない。あなたは返事をする「義務がある」し、さんざん時間と労力を費やしたのに何も「報われなければ《ノー・ペイ・オフ》」、だまされたように感じるだろう。

金銭のやり取りはなくても、誰かに耳を「貸して」もらうとか、力を「借りる」ことを求めるかもしれない。社会的相互作用に関する比喩は豊富にある――「目には目を、歯には歯を」「怒るな、やり返せ」「彼は当然の報いを受けた」「持ちつ持たれつで行こう」

こうした経済的プロセスが根づき、儀式化している程度は、日々の些細な相互関係の中でさえも容易にうかがえる。もし、乞食に何かを与えても感謝の念を示してもらえなければ、われわれはだまされたとか、報われなかったとか感じるものだ。社会的公正という感覚を取り戻すために、人は自分自身や連れにこんなことを言って、心の中で自分への評価をさらに要求する。「ああした行いをする私は寛大な人間だろう」と。またはこんな言い方をして、相手への評価を下げるのだ。「感謝もしないなんて、見下げ果てた奴だ!」。バランスがとれた状況になるまで、われわれは何となく落ち着かないままだろう。人は面目を失いたくないものである。もっと一般的な言い方をすれば、われわれの自尊心の基盤となるのは、礼を言われることにより、要求していたものが受け入れられ、肯定されたと、絶えず認識することだ。これは注意を払っていることを体で示されたり、ただうなずいて、理解したことを示されたりするだけで充分だろう。

互いの関係をつねに強化するこうしたプロセスは、社会の本質である。それどころか、よいマナーやエチケットと呼ばれるものは、日常生活の文化で不可欠なのだ。誰にでも経験はあるが、新しい文化の世界に入って、互いに理解しているルールを何も知らないときは緊張感が高まる。ルールが破られて修復されないと、恥ずかしい思いをしたり、立腹したりするものだ。相手の面目をわざとつぶす人間は、その人に恥をかかせることになり、結果として、不快だから避けるべき人物だと見なされる。極端な場合、つねに社会的ルールを破っている人間は「精神障害」があると思われ、拘禁されるケースもある。言い換えると、ルールを無視して互いを認めようとしなければ、社会生活はたちまち悪化して個人主義に走り、人々は暴徒と化して社会不安が急増するだろう。

こうしたルールがどれほど強力かを経験するために、次のような社会的実験を行ってみよう。今度、友人や配偶者から話しかけられたときに、いっさいの動きを止めてみるのだ――うなずいてもだめだし、無表情なまま、一言も発しないでほしい。五秒から一〇秒も経たないうちに、相手からこう尋ねられるだろう。何か問題でもありますか、と。大丈夫なのか、話を聞いていますかと問われるはずだ。または何らかの方法で、あなたの行動は受け入れがたいものだとほのめかされるに違いない。あなたは社会のしくみに違反したのであり、何かしらの説明をしたり、「ああ、すみません。ほかのことを考えていたんですよ」というふうに謝ったりして、修復に努めなければならない。そうした謝罪の言葉の真偽はさておき、社会的ルールでは筋の通った弁明をすることが求められるのだ。こんな答えをしたら非常にまずいことになる。

「あなたの話に興味がないんです」

当事者の二人が異なった考え方で状況をとらえているとき、社会的交換（やり取り）はうまくいかない。異なった表現手段が用いられることになり、不安や緊張感、怒り、不快感、当惑、恥辱感、罪悪感などが生まれてしまう。与えられたものや受け入れられたものに対して、当事者のどちらか、あるいは双方が公正でない見方をしてしまうのである。「問題への助けを何か得られると思ってこのカウンセラーのところへ行ったのに、彼ばかりが話しているんだ。だから、私は自分の本当の悩みを話す機会がなかったよ」または「私が大金を払ったのは、何か助言が得られると思ったからよ。なのに、カウンセラーのしたことといったら、話を聞いて、こっちの言葉を繰り返すばかり。あんなのが何の役に立つの?」と。クライアントが助言を無視したり、提供された助けを受け入れようとしなかったりしたとき、同じように混乱が生じるだろう。そうした緊張感を解決するには、当事者の片方、または双方が不公正さに気づき、説明や謝罪をしたり、あるいは遅ればせながらも礼を言ったりして、修復に努めなければならない。

信頼の二つの要素

どこでどのように人間関係を築くか、または避けるかということには、ルールが充分に明確だとはいえ、個人的な好みが作用する。大半の人はエチケットの基本的なルールを知り、遵守しているが、それでも選択や好みが影響を及ぼす。そこで、一体性や社交性への欲求が強い人は、他人から提供されるものに賛同する傾向があるが、優位に立ちたいと願う人は、絶えず人と競争し、すべての関係で一歩先んじようとするかもしれない。また、自主性を好む人は、支援が生じる状況を完全に避けようとするとも考えられる。だが、こうしたさまざまな態度は文化的なルールの範囲内で発生するものである。もっと重要なのは、このようなルールをわれわれが意識的に、あるいは無意識的に操作することが、基本的な働きだと理解することだ。この働きによって関係は築かれ、深まり、そして試される。個人的に親しくない他人行儀な関係では、あまり自分の価値を主張しないものだ。だが、親しい友人関係や夫婦関係では、自分の価値をおおいに主張するだろう。それは聞いてもらいたいとか、認めてもらいたいという、個人的な考えや感情の表出から生じる。われわれは自尊心を確かなものとし、強めることができる状況を作り出すために、ある程度は親密な人間関係を築く。そうすれば自分の価値をもっと主張し、それが受け入れられて支持されることを期待できるからだ。

初めに高い評価を自分につけておき、相手が適切な反応を示すかどうかを見て、人間関係を測る場合もある。それにはステータスの高さを主張したり（「こんにちは。私はマサチューセッツ工科大学の教授のシャインです……」といったように）、より個人的で意義深いことを打ち明けたりして（「実を言えば、今日はあまり気分がよくないんです……」とか「たった今セラピストのところから出てきたんですよ……」というふうに）、相手の反応を見る。その人が理解したかどうか、同情的な反応を示して、こちらの言ったことを受け入れたかどうかを見るのだ。こうした受容は、より個人的なことを相手が打ち明ける場合に生じる例が多い。そして、このようなテストや反応を何度も繰り返すことによって、いずれはもっと親密な人間関係を築くのである。

こうした意味で、他人を信頼するとは、われわれがどんな考えや感情、あるいは意図を示そうとも、相手はこちらをけなしたり、顔をつぶしたり、自信を持って言ったことを利用したりしないと思うことだ。普通の会話でこれがどのように働くかを見てみよう。あなたは注意を払わなかったり、雑談を始めたりする。相手の肩越しに、そのとき自分にとってもっと興味のある人に目を向ける。あくびをする。「そのことならとっくに知っています」と言って話を遮る。関心がなさそうな声を出す。こうした行為はどれも、人間関係を壊しかねない。話し手の面目をつぶす恐れがあり、相手を困惑させるだろう。そして話し手はあなたが無礼だとか、少なくとも、関わる価値がないといった結論を出し、これからは避けようとするはずだ。一方、あなたが注意を払い、関心を持っていることをほかの方法で示せば、人間関係が築かれるだろう。そして、のちに自分が何か言いたいときや、注意深く話に耳を傾けてもらいたいときに、そう要求する権利が生まれるはずだ。

人は他人とつき合うときに、ルールや幼少時の経験から得た知識を用いて、どの関係を育てたいか、やめたいかを選択する。つねに不公平な会話になる人との関係は築かないし、そうした不快感から逃れるために相手を避けることを学ぶ。仕事やほかの状況によってそうした人間とつき合わなければならなくても、文化はまた、礼儀正しいが形式的な態度をとるための別のルールを与えている。人は誰でも、距離を置いた事務的な関係でいたいというサインの出し方を学んでいる。そして、もっと親しくなりたいというサインの出し方も知っている。どちらの場合も公正さと公平さとが、意識的であれ無意識であれ、その人間関係で自分がどう感じるか、その関係をどれくらい深めたいかに影響を与える。

つまり関係の深さは、人が自らをさらけ出す中で、自分のために安心して要求できる価値の量という観点から定義されるのだ。この場合、信頼は自尊心にとって安全装置となる。深い人間関係になると、人はいっそう利用されたり無視されたり、軽視されたり、自分がちっぽけに思えたり、あるいは別の形で認められなかったりするために、傷つきやすい立場におかれることになるものだ。

会話が公正なものでないと、人は感情を害することがある。通常の場合、それは求めている価値を認めてもらえなかったり、相手が自分の存在に気づいてくれなかったり、自分とのコミュニケーションの大切さ（こちらは主張したにもかかわらず）をわかってくれなかったりしたことを意味している。こうした事態にならないよう、新たな人間関係には慎重な態度で臨まねばならないし、相互関係のルールを充分に意識し、公正さを理解してそれに従わねばならない。したがって、何よりも無難なアプローチは最も公式的なものである場合が多く、国際外交では並外れてあらたまった取り組みが求められる。国家同士が感情を害するリスクを冒すわけにはいかないからである。形式ばった手順をとれば、双方とも侮辱を感じずにすむ。しかし状況によっては、礼儀正しさも仇になることがある。仮に、私が旧友にばったり会ったものの、誰だか覚えていないため、かなり丁重な態度をとったとしよう。忘れられたことを相手が怒っても当然だし、記憶が抜け落ちていたせいで私は相当恥ずかしい思いをするだろう。

人は支援を申し出たとき、次の二つのうちのどちらかを期待するものだ。支援が受け入れられて、妥当な感謝をされること。あるいは、受け入れてもらえないが、申し出に対してすぐさま感謝の言葉を述べられること。支援を提供された相手が返事もせずに立ち去るのは、好ましくない態度である。救いの手を差し伸べられたら、それを受け入れて感謝するか、丁重に礼を言いながらも受け入れられない理由を説明してただちに断るかでなければならない。どちらの場合でも、申し出にはきちんと対応すべきだ。ある状況になったとき、どう判断すべきかを誰もが学んでいる。どんな対応が適切で公平かということを。私はたとえ必要でないと思っても、人前では上司の助けを受け入れるかもしれない。その場ではそうした態度が求められているからだ。しかし、地元のバーで上司と会い、もっとくだけた態度をとってもかまわないというサインを送られたなら、感謝の言葉だけ述べて、助けを気軽に断るかもしれない。こうした話をもっとうまく説明しているのが、日本の文化である。日本では、上司と酒を飲みに行くことが部下に求められている。そうすれば、酔っていない状態で職場で口にすると、上司が腹を立てて面目を失いかねないことまで言ったり、互いに意見を述べたりすることもできるからだ。

要するに、信頼には社会的経済学から由来する二つの要素がある。他人を信じるとは、次の二つを意味する。

一　その人間との関係の中で、自分がどんな価値を主張しても、理解され、受け入れてもらえること

二　相手が自分を利用したり、打ち明けた情報を自分の不利になるように用いたりしないと思うこと

どんな関係でも、当事者が相手を信用して自分のことをどれくらい打ち明けるかに、親密さの程度が反映されている。互いをテストするこうしたプロセスが終わるのは、当事者のいずれか、または双方が、もっと心をさらけ出しても、理解もされなければ、受け入れてももらえないと悟るレベルに達したときだ。もし、当事者のどちらかが前にあげた二番目の要素に違反し、相手を窮地に立たせたり、打ち明けられたことを悪用したりして、手に入れた知識から何らかの利益を得たとしよう。そうすれば、信頼はすっかり失われ、コミュニケーションのレベルは以前の表面的なものに逆戻りするか、関係が終わることになるだろう。

たとえば、私にはある友人がいて、個人的な話を打ち明けるくらい深い関係にあった。ところがある日、その友人がひどくばかにした態度で、私の話の一つをほかの人に話しているのを

耳にしてしまったのだ。私はその時点まで築いていた親密な関係の段階に二度と戻ることができなかった。同様に、ある学校の大がかりな改組を手がけて成功していたコンサルティング会社がその契約を失ったことがあった。というのも、あるコンサルタントが別のコンサルタントにこう話しているのを、教師の一人が耳にしたからだった。「これは興味深いプロジェクトだが、ここの教師たちは相当なうすのろだよ」

社会劇場――人は役割を演じている

ここまで述べたような社会経済は、人生という劇場を反映している。劇場と呼ぶ理由は、状況というものが、その場にふさわしい役割を担う俳優や観客の感じ方によって、定義されるものだからだ。役割関係は人生の早い時期に台本が定まってしまう。そして日々のプロセスは適切な行動を演じる、一連の場面の展開だと理解できる。そうした演技は、自分にどれくらいの価値があるか、また日々の社交の中で俳優と観客の両方の役割をどう適切に演じるかについて、われわれが学んだことを反映している。演劇という比喩がどれほどわれわれの考え方に影響を与えているかは、われわれが使う言葉に表れる。

人が役割を演じていることをほのめかす言葉やフレーズは多く用いられている。たとえば、「うまく言いくるめてだます《フィード・サムワン・ア・ライン》」［元々は、台詞を与える、の意味］ことができる、会合で「自分の役目をうまく果たす」

「どんな役割か」を誰かに尋ねる、パーティで「期待された役目（ふるまい）」ではない、「筋書きを与える」など。演劇そのものとは無縁の場合でも、「すぐれた業績《パフォーマンス》の人」に注意を向けるとか、どんな状況であれ、「彼が遂行《パフォーム》する」と当てにできるとか、言ったりする。そんな「言い逃れ《ソング》」は前にも聞いたことがあると主張したり、「真偽の疑わしい話《ソング・アンド・ダンス》」を誰かがすれば、それを認識したりする。「ショー」という言葉はさまざまな場合によく現れる。「ショーの花形になろうとする」「この計画《ショー》を実行に移す」「同情心を見せる《ショー》」「プレゼンテーションで大喝采《ショー》を受ける」「話題《ショー》をさらう」。「きちんと行動《アクト》［アクト（act）は演技する、という意味］しろ」とか、「年相応にふるまえ《アクト》」と言われることもある。だが、「誰かの演技《アクト》」にだまされたくはないし、「まねできないすばらしいこと《アクト》」をしたい。人は自分らしくふるまわないと非難される場合もある。「場面《シーン》」という言葉でさえ、あらゆる言葉に顔を出す。「状況《シーン》を変えたい」と感じたり、「会議の準備をしたい《セット・ザ・シーン》」と思ったりするが、「醜態をさらした《メイク・ア・シーン》」り、誰かに「人気をさらわれ《スティール・ザ・シーン》」たりしたくないだろう。人は会議を「運営《ディレクト》」［ディレクト（direct）には「監督する」の意味がある］するし、「お高くとまった《アップ・ステージド》」り、「体面《グッド・フロント》」［フロント（front）には舞台前面の意味がある］を取り繕ったり、「聞こえよがしの私語《ステージ・ウィスパー》」を交わしたりするかもしれない。こんな質問を考えてみよう。「舞台裏《バックステージ》では何が起きているのだろう」

　役割として最も重要な関係は、親子関係である。部下になる方法や、権威や権力なしで物事をやり遂げる方法の習得、あるいはもっと重要だが、人間関係が公平だと感じられるよう、権威を備えた人に必要なものを与える方法を学ぶこと。こうした事柄は人生の早い時期に現れるが、生涯を通じて学ばねばならない。自分よりも地位が上の人間はつねに存在するのだ。成長するにつれて、人は同僚や部下とのつき合い方も学んでいく。人は自分で大人になり、親になるのである。社会学者のアーヴィング・ゴッフマンはこうしたことを「敬意と品行」というルールとして表現した。[*1] われわれは子供や部下として、適切な敬意を表す方法を学ぶ。親や上司としては、目下の者の敬意を勝ち取り、それを維持するにはどんな品行が求められるかを学ぶのだ。たとえば、部下が上司の話を遮ることは考えられないが、上司が部下の話を遮ることは許される。目上の者が話しているとき、目下の者は適切な姿勢で関心を示し、理解したことを伝えるためにうなずきながら、注意を払うだろう。あなたが目上の者なら、きっぱりとした明確な話し方をするべきだ。そうすれば部下の敬意を勝ち取れる。

文化的なルールが曖昧だったり誤解されたりする場合、悲劇的な結果が生まれる。南アフリカで白人の監督者が、金鉱で労働者たちに罰を与えたときがそうだった。反抗的で信用できないからという理由だったが、労働者たちがこそこそした目つきをして、「決して目を合わせない」せいだったのだ。監督者たちは知らなかったが、その労働者たちが育った部族のルールには、目上の者の目をまともに見てはいけないという基本原則があった。目を見ることが、敬意を払っていないことの証明だとされたのである。

一般的に、部下への服装の規定はかなりくだけているが、上司はたいていの場合、よりあらたまった服装をするものとされている——言わば、制服のようなものだ。しかし、上司と面談するときには、敬意を示すために部下ももっとあらたまった格好を求められる。実を言えば、いつ、どのように敬意を示すかということは、社会的学習の分野で最も重要な事柄の一つである。さらに、上司がくだけた格好をするときは、地位による距離を詰めたがっているのだとわかる。そんな服装をしても、もっと平等主義的な行動がほかにも上司に伴っていなければ、緊張感の漂う人間関係が生まれるだろう。上司がさまざまな方法で親密さを利用しようとしているのではないかと、部下は感じるかもしれない。職場でのセクシャル・ハラスメントを巡る騒動は、敬意と品行というルールのまさにこの面を浮き彫りにしてきた。性や地位の境界を越えて、お尻を軽く叩いたり、軽く抱擁したり、あるいは卑猥《ひわい》なジョークを言ったりすることから、不公正だとか搾取されているといった強い感情がしばしば生まれるものだ。

地位が高ければ高いほど、品行についてのルールはより堅苦しくて規定されたものになる。たとえば、あまり気づかれていない機能だが、上級管理職に個人用の化粧室が与えられるのは、目下の者と会う前に落ち着くスペースを提供するためである。さらに、地位とともに社会的価値も上がるという考え方も進むことになる。価値が高ければ高いほど、その人間はいっそう神聖な存在となってしまう。概して、管理職たちに超人的な、つまり人間離れした性質があるという固定観念にとらわれているのだ――従業員用の化粧室でスーパーマンに会うことなど、想像もつかないだろう。

権威を備えた地位にいる人間は、いっそうあらたまった雰囲気を漂わせているだけでなく、公の場や人間関係でのふるまいにもより多くのルールを持っている。どんな態度が適切かという点で、子供には大幅な自由がある。さまざまな状況での適切な行動について、親や上司はもっと制約を受けている。地位の高い人が非公式の場で罵ったり、ばかなまねをしたり、その人に期待される役割を逸脱するような行動をとったりして、衝撃を与えることはよくある。

ハリスは示唆に富む著書、『幸福になる関係、壊れてゆく関係――最良の人間関係をつくる心理学　交流分析より』[*2]の中でこう指摘している。人は大人になるまでに「子供」か「大人」あるいは「親」として状況に直面することを選ぶ。なぜなら、こうした役割を人生でどのように果たせばいいかを学んでいるからだ。われわれは「子供っぽい」行動とか、「権威主義的な」行動、あるいは「年相応にふるまう」ことを知っている。与えられた状況でこのうちのどの行動を選ぶかは、相手が誰か、その人はどんな性格か、自分と相手との身分の違いはどれくらいかという先入観に基づく場合が多い。もし相手が、こちらを見下した態度で話すといった親のような行動をとるなら、受動攻撃的な性格になって、子供っぽくふるまうのが適切だと感じるかもしれない。もっとも、大人としての態度で事態に臨んだほうが、双方にとってより効果的だったと気づく可能性もあるが。

こうした人間関係の均衡があらかじめ《アプリオリ》保たれるとすれば、支援――真の意味でよく考えられた支援――は、大人対大人の行為であるのが最適ではないかと思われる。たとえ大人同士に形式上の身分やステータスの差があるにせよ。親や子供の役割を演じて支援を行う場合、すでに目上の立場か目下の立場をとっていることになる。そのせいで、プロセスは目に見えない方法でゆがめられているかもしれない。子供に力を貸す親は、支援しているというより、親としての役目を果たしていると見なされるのが普通だ。大人としての役割を演じて親らしい行動をとれば、違いが生まれたり、より優れた結果になったりするかもしれないと考えたい人もいるだろう。そこで、「宿題を手伝って」と頼まれた親は「どれ、見せてごらん。答えはこれだよ」（親としての反応の一つ）ではなく、「何か悩んでいるのかい」（大人の答え）と言うといい。こうした論理に従うと、子供が親を助ける行為をどう呼べばいいだろうか。年老いた身内を世話する子供の美談はいくつもあるが、そうしたものは支援の一種として考えられるのではなく、まれな話だと見なされがちだ。そういった子供たちは、まさに成熟した（大人の）ふるまいをしていると考えられる傾向にある。

一般的に、支援者が親らしい行動をとれば、クライアントは保護されていると感じるかもしれない。支援者が子供の役割を演じれば、クライアントは混乱し、相手と自分の役割を逆にすべきかどうかと考えるだろう。私はこうしたダイナミクスを、文化による差はひとまず注視せずに一般的な用語で記述してきた。たとえば、ヨーロッパでエクソンの子会社とコンサルティングのプロジェクトを行ったとき、立場上の小道具に、文化差の面白い例を発見したことがあった。米国に出張せねばならない同社の重役たちは、二組の服を持参するのだ——ニューヨークの本社用にはフォーマルなダークスーツ。そしてテキサスの本社用にはジーンズとブーツ、カジュアルなシャツ。新興のハイテク企業を訪れる場合、こうした若い会社には敬意と品行というあらたまったルールなどなさそうだという印象をしばしば持つものだ。しかし、実のところ、彼らは変わっているだけである。そうした会社の一つを覚えているが、同社はステータスに関して何度も本気で取り組んでいた。こうした組織でのコミュニケーションは非常にくだけたものに見える場合が多い。だが、新参者が学ばねばならないことがある。より高い地位にあるエンジニアやソフトウエアのプログラマーたちと話すときは、何が許されて、何が許されないかという点だ。

与えられた状況で自分が演じる傾向にある役割、特に依存関係についても個性が関係してくる。たとえば、依存心の強い人は、他人がリーダーシップをとっている人間関係を公正だと思うかもしれない。一方、依存することに否定的な人は、自分のライバルが認められ、尊敬されるような場合に限り公正だと考えるだろう。重要なのは自分自身を知ることだ——自らの嗜好や優先傾向を知り、それを考慮すれば、生まれてくる関係が公平で適正なものか、または違うのかといった感覚も決定づけられる。

最後に、ルールをどのように適用するかということも、特定の状況で与えられた関係という社会的機能によって異なるだろう。たとえば、セールスパーソンや店員などとの関わりのように、経済活動において他人と関わる場合は多いが、それは形式的で非個人的なものであり、感情的には中立で、相互関係の主な目的からすれば非常に具体的である。親密さは期待されないが、信頼は問題になる。というのも、相手が信頼できるかどうか判断するための、交流による手がかりはほとんどないからだ。店では、「いらっしゃいませ」という最初の挨拶が、その店員に任せるかどうかを決めるきっかけとなる。それどころか、客が物を買うか否かの決定は店員にかかっている。車の販売員と早い段階で会話した経験のある人は多い――それは誰が誰に頼るかを決めるある種の慣習なのである。セールスの成果があがるかどうかは、製品を購入することで満たされるような、客のニーズや欲求を見つける販売員次第なのだ。その意味で、セールスとは人を支援するものであり、客をクライアントの役割に引き入れるのはセールスパーソンの役目なのである。

ほかにも、髪のカットやマニキュア、マッサージといった、人にとって必要なサービスは、クライアントの体に直接触れることが不可欠の、一種の支援である。クライアントには具体的な欲求があり、支援者の役割は明確に定義されているが、制約を受けている。クライアントと支援者の関係は互いの合意のもとに形式的であり、感情的な距離が置かれたままになる。というのも、支援者はクライアントと親密な関係にはなく、体に近づく権利をもらっただけだからだ。サービスが満足のいくものなら、それを提供する人間との関係はもう少しくだけてくるかもしれない。お気に入りの美容師や、個人的なトレーナーができたりする、といったように。

仮に、クライアントがより個人的で具体的なものを求めているなら――弁護士や医師、証券アナリスト、牧師、セラピストといった人たちの助言が必要なとき、状況はさらに複雑になる。初めのうち、その関係は形式的である。しかし、より広範囲の専門知識を支援者に頼るようになると、クライアントはいっそう弱体化する。セールスや、サービスを伴う関係では、容易に手を引くことができるため、クライアントはより高い地位にあり、権力を備えている。

一方、クライアントが手ほどきを受けるような形式的な支援関係では、いっそう高い地位に就き、権力を備えているのは支援者のほうだ。専門知識を持っているからである。そこで、このカテゴリーに属する支援者はより広範囲にわたる訓練を受けるだけでなく、資格を義務づけられ、専門的な基準や倫理観を順守せねばならない。公式に雇われた支援者はクライアントを食い物にし、利用できる立場にあるため、公式のルールと内部基準によって制約を設けねばならないのだ。見ていくうちにわかるが、地位にはこうした不均衡さがあるので、クライアントは自分が支援者と同格か、より高い立場に立つといった幻想を維持しようとする場合が多い。支援者が得る報酬の支払いをコントロールしているのは、クライアントだからである。クライアントは面目を保つため、自分たちが弱い立場にあることを否定するだろう。

まとめ

社会がうまく機能し、秩序が維持されるには、非公式な相互の支援が必要だ。これは当然のことと見なされている。面目を保つというルールは、あらゆる形の人間関係に当てはまり、敬意と品行というルールは、日々の生活を通じて人が互いに助け合う上での指針となる。あまりにも攻撃的な行動や受動的な行動をとったり、恥ずべき行いをしたりする人がいれば、われわれはすぐさま否定したり謝罪したりしてそうした状況を修復するか、そこから距離を置く。われわれがもっとよく理解すべきなのは、支援を明確に求めたり、提供したりする人によって、通常の流れが遮られたとき、何が起きるかである。そんな場合は、支援のプロセスそのものに目を向けるべきだ。それから、これまで述べてきたさまざまな関係においては異なるルールが当てはまることに気づくだろう。そして、どんな支援関係にも共通する重要なダイナミクスがあるかどうかを問わなければならない。支援に不可欠のものが信頼だとしたら、たとえば車の販売員のような人を信頼するとは、どういう意味なのだろうか。

どんな種類にせよ、関係を築くためには、社会経済や面目保持《フェイス・ワーク☆》という文化的なルールに敏感であることが求められる。人がそれぞれの関係から自分に見合った何かを得ていると確信できるように。人生という日々のドラマの中で、人は自分の面目や他人の面目がつぶれないように役を演じている。成長するにつれて、われわれは無数の状況への対処法を学ぶ。どの状況も、役者や観客の役割を適切に果たすことを求めている。

こうした各状況で主張される社会的価値は、関係のタイプと、達成すべき任務によって定義される。パソコンの電話相談サービスの係に、個人的な問題の解決に関わってもらうことなど期待できない。そうした問題に係が関心を示さないからといって、感情を害するのも間違っている。一方、助けを必要とする個人的な問題について友人に話した場合は、注意を向け、心配してくれることを期待するものだ。もし、そうした関心を払ってもらえず、何の説明もなければ、助けを求めた人が腹を立てるのは当然だし、今後はその相手に支援を求めようとしないだろう。

よい支援者を志す人に勧めたいのは、社会的経済学と、われわれが暮らしている社会という劇場を意識することだ。それによって、自分自身の発見につながるかもしれない、さまざまな状況での支援者の役目を明確に考えられるだろう。また、人間関係を公平で適正なものとするため、どんな交換の手段や価値観が必要かを判断できるはずだ。

最後に、誰もが心得ておかねばならないことがある。日々の生活の中で、支援そのものが重要な社会的通貨であり、適切な対応がされなければ不均衡が生じるということだ。いつ、どのように支援を与えるか、他人からの支援をいつ、どのように受けるかを知っていると、人間関係はさらに生産的で喜ばしいものとなるだろう。つまり支援とは、あらゆる社会的行動の根底に存在する交換という日常的なプロセスであると同時に、ときには通常の流れを邪魔して、とりわけ気配りを持って扱わねばならない、特別なプロセスでもあるのだ。次の章では、公式の支援を求められたときに現れる特殊な状況を探ろう。そしてこうした要求から生まれる、支援者にもクライアントにも関係する罠について考えたい。

3

成功する支援関係とは？

さて、今度は支援の状況における特に基本的なダイナミクスと、支援関係を築く上での落とし穴に取り組もう。この章では社会的不公正と役割の曖昧さについて探りたい。これは支援を求められたときや、提供されたときに現れるものだ。しっかりした信頼がある人間関係や、日々における非公式の支援、うまく組織化されて機能しているチームでは、こうしたダイナミクスはたいてい隠れている。そして相当の支援がスムーズに、ほとんど気づかれることもなく提供されているのである。支援を提供し、受け入れるということは子供のころから学ぶし、うなずいたり、礼を言ったり感謝をほかの形で示したりして、自然にお返しするものだ。支援を与える側と受け取る側は、必要に応じて目立つことなく役目が入れ替わる。

関係やチームが問題にぶつかったときや、予想外の事態や新たなことが発生したとき、あるいはそもそも関係など存在しなかったとき、支援者とクライアントの役割は顕著になり、社会的経済学が作用し始める。非公式な状態ではこうした事態が前触れもなく起こり、自分がクライアントの役割を演じていることに突然気づくかもしれない。道を教えてほしい、物を落としたけれど両手がふさがっているので拾ってもらいたい、ドアを開けてほしい、または別の車線に入りたいので割り込ませてほしい、といったふうに。友人や配偶者として、われわれは起こった問題に対する助言や支援を求めるかもしれない。チームのメンバーとして、自分の役割を修正しなければならないような、新たな状況に直面する可能性もある。支援が必要な人を見て思わず手を差し伸べたり、将来のクライアントのそばで驚いたり困惑したりする場合もあるだろう。こうした非公式の支援がうまくいった場合は、その根底にあるダイナミクスには気づかないものだ。だが、うまくいかないと、人は混乱し、原因について頭を悩ませるのである。

そうしたダイナミクスは、人生が混乱した状況で最もよく見られる。資格や専門知識、特殊な機材を備えた専門家の公式な支援が必要になる問題に直面するかもしれない。または、テクノロジーや審美眼が求められる分野で、準公式の支援を必要とする場合もある。最初のカテゴリーでの支援者――医師、弁護士、コンサルタント、牧師、ソーシャルワーカー、コーチは、支援を専門的な職業としている人たちだ。二番目のカテゴリーの支援者は、コンピュータ・インストラクター、ファイナンシャル・アドバイザー、室内装飾家、造園家、請負業者、さらにはセールスマンまで含まれる。こうした例で支援を求めるのは、何か不具合が起きて修理の必要があるか、何らかの目標を達成するために向上したいといった動機による。以下ではまず、公式・準公式の状況における経済性や役割について考え、その後、日常の非公式な支援にそれがどのように応用できるかを見てみよう。

支援を求める立場＝ワンダウン

　支援する状況とは本質的に不釣り合いで、役割が曖昧なものである。感情的、社会的に見れば、支援を求めた場合、人は「一段低い位置《ワン・ダウン》」に身を置くことになる。これは次にすべきことがわからないとか、できないといった、一時的に地位や自信を失った状態だ。独立心が失われ、他人から助言を受けたり、癒されたり、面倒を見てもらったり、助け起こされたり、支えられたり、さらには仕えてもらうことまで入っている。私がいつも驚かずにいられないのは、通りでつまずいたり転んだりした人を目撃すると、彼らの第一声が決まって「大丈夫です」であることだ。明らかに怪我をしている場合でさえ、人は突然、誰かに依存する状態になったことを認めたくないものである。病院で病床用の便器を使うのに助けが必要といった、極端な場合には恥辱さえ感じてしまう。

　成長することが自立を意味する文化においては、自分に主導権があると感じたい気持ちが強く、特に男性の間で顕著だ。自立した人間とは、支援を求める必要がない人を意味する。たびたび支援を求めなければならないと、屈辱を感じるのである。米国の文化ではこんな警句をよく耳にする。「真の男は道など尋ねない。自分の力で見つけ出す」。コンサルタントに相談などすれば、自分の問題を自力で解決できないと見なされる。米国人はこうした文化の典型的な体現者だろう。支援を求めることが屈辱だという感情は、さまざまな種類の手伝いサービスを利用していることを認めたがらないとか、隠したがるといった点にも表れている。

ワン・ダウンの存在だという感覚が生じるのは、支援者と向かい合ったときだけでない。自分が働いている組織の中で、他人との関連において、より強く意識される。大半の企業では、コンサルタントの助力を求めることは、仕事ができないと自分で認めるのと同じようなものだ。私はコンサルタントとして五年間、ヨーロッパのある企業で働いたが、四半期ごとに同社を訪ねるときに、重役用のダイニングルームでのランチに招かれることが何度かあった。そこには私がさまざまなプロジェクトで一緒に仕事をしたことのある重役たちがいた。だが、彼らは私の視線を避け、会ったこともないかのような態度で通り過ぎた。招いてくれた人の説明によれば、彼らは私に相談した事実を同僚に知られたくないのだということだった。もし知られれば、立場を失うからだ、と。

この種の感情と似たものが、精神科医の診察室から出ていこうとする患者と、待合室にいる患者とが顔を見合わせたときに浮かぶ、当惑した表情に見られる。そこで、精神科医の中にはプライバシーを保つために診察室にドアを二つ設ける者もいる——一つは入口専用で、もう一つは出口専用である。こうした文化的な基準を考えると、一番の問題は実のところ、支援を求めることだろう。支援を求めれば、クライアントは一段低い位置にいる状態となり、支援者になりそうな相手に対する立場は不安定になる。精神科医のアーヴィン・ヤーロムはこうした問題を巧みにとらえている。*1

心理療法は内面の矛盾をはらんでいる。セラピストが患者を治療する場合、治療に関係する二人が対等でないことも、気心の知れた仲間ではないことも初めからわかっている。片方は苦しんでいる上に、当惑していることも多い。ところが、もう一方の人間は専門的なスキルを用いて、そうした苦痛や困惑の背後にある問題のもつれをほぐし、客観的に調べることを期待されている。さらに、患者は治療してくれる相手に金銭を支払う。「治療する（treat）」という言葉には、不平等という意味があるのだ。誰かを対等な存在として「扱う（treat）」ことには、不平等という含みがあるため、セラピストはその点を乗り越えるか、患者が対等であるかのようにふるまうことで隠すかしかない。

支援を求められる立場＝ワンアップ

支援者の役割を演じると、たちまち地位と権力を得る――文字どおりの意味で言えば、落ち込んでいる誰かを助ける場合がそうだ。象徴的な意味で言えば、私がカウンセラーやコンサルタント、コーチだとしたら、知恵や専門的知識を働かせて、問題を解決してくれと頼まれることである。面目保持《フェイス・ワーク》というものを分析すると、支援を求める人は、本当に助けが得られるか否かにかかわらず、支援者になりそうな人に権力や価値を与えている。人間関係で不公平さが生じるのは、このように権力を与えるせいである。支援を求めたあと、クライアントは受動的で依存型の観客の役割を演じ、支援者になりそうな人を役者の役割にしてしまう。言ってみれば、突然、ボールが支援者のコートに入ることになるのだ――支援者はどう対応したらいいのだろうか。

こうした微妙な心理のあやを理解しておくことは重要だ。というのも、これによって支援者になりそうな人には、状況を有利にできる可能性が生じるからである――つまり、支援を提供するというよりは、何かを受け入れさせたり、状況を不当に利用したりすることになりかねない。真の意味で助けにならないとわかっても、個人的な利益として認められる権力を行使したい誘惑に駆られるかもしれない。そのように許可された権力を、「助けになれるかどうかわかりません」とか「実は、助けることができません」と謙虚な言い方をして、諦めることは心理的に難しい。支援できる機会が得られるのは、大きな誘惑なのだ。なかでも、私はパソコン関係の問題に助けを求められたとき、この欲望を抑えがたい。助力を求めてきた相手よりも、自分が状況を理解しているわけではないとわかってもその機会に飛びつき、助けようとしてしまう。そしてときには、状況がさらに悪化するのだ。

事情を複雑にしている別の原因は、支援を求められた場合に必ず反応しなければならないことである。人は舞台に登場させられている。人間関係へと通じるドアが開かれると、その場からただ立ち去るわけにはいかない。支援することは、社会の一員にとって文化的に重要な義務だからである。支援を求めれば、クライアント候補は弱い存在となり、バランスを取り戻すことが必要になる。たとえば、同僚か友人が個人的な事柄であなたに助言を求めるとしよう。「ちょっと話す時間を取ってもらえないかな。アドバイスをもらいたいんだ……」。社交という文化的なルールがあるため、あなたは何らかの意味がある答えをしなければならない。こんな答えが考えられる。「いいよ、座って話そうか……」。またはこんな答えだ。「話したいところだが、あとでもいいかな。今やっていることがあるんだ……」。このどちらの答えもクライアントの欲求を認識し、真剣な注意を向ける価値があると認めることで、相手の立場を対等にしている。そのように注意を払えば、相手の面目も立つ。

相手を怒らせずにおかない態度は、頼みを無視したり、関わることを拒否したりするものだ。そんな反応を示せば、相手の問題はあなたが注意を払う価値すらないものであることを意味し、クライアントは一段低い位置にいるという思いを強めるだろう。この衝撃を最も強く感じるのは、より公式な支援が与えられるはずの状況だ。医師や弁護士に助けを求めに行ったのに、拒絶された場合である。とはいえ、助けを求めたところ、友人や同僚が手を貸したくなさそうなそぶりを見せたときも同様に苦痛だろう。ところで、専門家はクライアントの主張の妥当性を認め、同業者に紹介して、反感をやわらげようとする場合が多いことに注目しよう。単に拒絶されて追い払われただけなら、われわれはひどく不愉快になるだろう。

要するに、そもそもどんな支援関係も対等な状態にはない。クライアントは一段低い位置《ワン・ダウン》にいるため、力が弱く、支援者は一段高い位置《ワン・アップ》にいるため、強力である。支援のプロセスで物事がうまくいかなくなる原因の大半は、当初から存在するこの不均衡を認めず、対処しないせいだ。支援関係を当然なものと見なさず実際に築かなければならない理由は、不均衡が明らかなのに、それを正す方法に関する社会的経済学が明らかでないからである。支援者もクライアントも、初めは人間関係に何を期待していいのか、何を与えるべきかもわからない。専門家による支援の場合は実際に金銭が絡むが、どんな形の支援でも手助けと引き換えに、何らかの価値あるものをクライアントが支援者に与えることが期待される。最低でも、支援が提供されたあとに、クライアントは感謝の態度を示して礼を述べることを求められるのだ。

当初の力の不均衡——クライアントが支援者に依存するという暗黙の了解と、クライアントと支援者のそれぞれが当然相手に期待しているものの曖昧さ——のせいで、両者に不安感と緊張感が生まれている。これには対処しなければならない。[*2] そうした不安の形はさまざまなので、それぞれの関係や状況の性質は多様である。他人からステータスを宣伝された（「ミスター・Xのところへ行ってみたまえ。彼はすばらしいよ」などと）セラピストやコーチとのあらたまった面談では、人は恭しい態度をとり、何を言われるのか、何をしろと命じられるのかと怯えているかもしれない。もし、セラピストたちにするのと同じ質問や問題点を友人に投げれば、迷惑をかけていないか、友人の境界を越えているのではないかと心配になるだろう。そして友人が問題をまじめに受け取ってくれて、自分をけなしたり避けたりしなければいいがと願うはずだ。つまり、ひとたび支援を求めれば、状況には不安が必ずつきまとうということである。それはクライアントと支援者になりそうな人との当初の関係がどんなものであっても変わらない。

その時点で不安があることが認識されないと、当事者のどちらも、機能不全や受け身の行動に対して脆くなってしまうだろう。珍しくはないが、発展しつつある関係を容易に偏ったものにしてしまう、いくつかの感情的な反応に通じる緊張感をただちに減らさねばならない。そのような緊張感があると、支援はいっそう難しくなる。こうした感情的な反応は、支援者もクライアントも陥りがちな罠である。この罠が最もよくわかるのは、公式の支援を求めたときだが、そうした反応やその結果生じる態度は、支援を行うあらゆる状況に存在している。

まずは、クライアントが陥りやすい五つの罠を見てみよう。この五つの感情的反応は、支援者はすぐには気づきにくいものだが、初期の対応にあたって考慮に入れるべきことである。

クライアントが陥りやすい五つの罠

①最初の不信感

支援者は手助けをしたがっているか。また、その能力があるか。そうした注意をするのは当たり前だし、適切でもあるが、初めのうちはクライアントが真の問題を隠す原因になるかもしれない。それどころか、慎重なクライアントは、支援者がどれくらい反応を示すか、あるいは同情的になるかを判断するため、仮定に基づいたジレンマをいくつか抱えていると考えられる。

▽「パパ、算数のこの問題を手伝ってくれない？」と尋ねる息子は、本当のところ、もっと深くて個人的な悩みについて話したいのである。だが、父親と話す時間をどうやってとればいいのかわからないのだ。

▽「先生、なんだかよく眠れないんですよ」。そう医師に話す患者は、実のところ、夜間に激しい発作を起こして不安になっているのである。

▽ある経営者が経営コンサルタントにこう話す。「私のグループのチーム作りについていくつか手伝ってほしいんですが」。問題は部下の一人の信頼をその経営者が失ったものの、対処方法がわからないところにある。

支援者が陥る罠は、行動を急ぎすぎて解決に至らないことと、仮定上の問題に助言を与えたり指導したりする結果、真の問題が何かを知る機会が失われることだ。仮定上の問題に取り組んでも、人間関係を対等なものにする役にはほとんど立たない。

②安堵

ようやく助けになってくれそうな人間と問題を分かち合うことができて、クライアントは安堵しているに違いない。そうした気持ちとともに、支援者への依存や従属を歓迎する感情がしばしば現れる。問題の解決にクライアント自身の努力が必要な場合、そのような感情が罠になりうる。

▽「この問題を打ち明けられて本当にうれしいよ。それじゃ、私は何をしたらいいのかな」
▽「助けになってくれる人がいると思うと、すばらしい気分です」
▽「私が経験していることをあなたに理解してもらえてよかった」

たとえ当面の問題はクライアントが関わらないで解決できたとしても、いずれクライアントは状況に責任を持つことになる。支援者が依存状態を強めてしまうと、のちにクライアントが主体的になることはいっそう難しいかもしれない。介護のいくつかのケースでは、永続的な依存が適切な場合もあるだろう。家族の乗った車椅子を押したり、かがむことができない人のために、落とした物を拾ってあげたりする場合などだ。しかし、支援の大半の状況では、問題がふたたび起きたときにクライアントが解決できるようにしてやることが目的の一つである。ここにあげたどの事例でも、クライアントの依存心を徐々に薄れさせて、励ましてやる関係にならなければならない。

③支援の代わりに、注目や安心感、妥当性の確認を求めること

助けを求めながらも、本当はまったく別のものを望んでいる人間の感情に、支援者はとりわけ敏感でなければならない。支援を乞う誰もが別のものを求めているわけではないが、「支援」とは、何を求める場合にも使える便利な言葉かもしれない。「私に注目して」と言うことは、社会で適切な行為と見なされないため、われわれは支援を求めることによって相手の注意を自分に向けさせる。支援を頼めば、相手は返事をしないわけにいかないからだ。クライアント候補がすでに問題の意味を明らかにして、解決策を考え出している場合もある。とはいえ、その人間は確証や、ポジティブな評価、もしかしたら賞賛さえも望んでいるかもしれない。こうした事態は組織でよく発生する。あるプログラムを開発するために雇われたコンサルタントが、すでにクライアントにはプログラムがあり、それへの賛美を求めているだけだと気づくような場合だ。

▽「われわれにはこんな問題がありましたが、それに対処したことをとても誇りに思っています。そう思いませんか」

▽「私が計画しているのは〇〇です。これは進めてもかまわないコースですよね？」
▽「ここで私がやったことをあなたに判断していただきたい」

こうした状況で最大の危険は、クライアントがこういったプレゼンテーションを選んだのが、「ワン・ダウン」という気持ちを避けるためだということだ。支援を求めることにより、本当の問題を隠しているのである。そこで支援者は無言で解決策に同意を示したりせずに、クライアントを安心させる方法を見つけなければならない。クライアントの解決策は真の状況と無関係のものかもしれないのだ。次に、支援者は提案された解決策に同意するかもしれないが、それは問題を真の意味で解決することにはならない。もし支援者が、これは答えでないとか、間違った問題に取り組んでいると感じたら、争点をもう一度考え直すべきだ。それが功を奏さなければ、謝罪を述べて、その状況から手を引くことが必要になるだろう。

④憤慨したり防衛的になったりすること

クライアントは支援者を無能に見せる機会を探しているかもしれない。こうした反応が最もありがちなのは、支援者が時期尚早の、あるいは不適切な指導をするという罠にすでに陥っているときだ。そうした事態になれば、クライアントは助言を見くびったり、どれほど取るに足りないものかと指摘したりするかもしれない。または、そんなことはもう試したが、効果はなかったと言ったり、ほかにも支援者の面目を失わせることをしたりして、自分が支援者と対等だという気持ちを取り戻そうとするのだ。

▽「あなたの考えは実行不可能ですよ。なぜなら、〇〇ですから」
▽「そんなことならとっくに考えましたが、うまくいかないでしょう」
▽「あなたはまったくわかっていない。状況はもっと複雑なんだ」

このような展開をしている関係で問題なのは、クライアントの能力を引き上げるのではなく、支援者の評判を落とすことによって立場のバランスが保たれる点である。やがてわかることだが、支援者は弁解がましくなったり、理屈っぽくなったりするという罠を避けられない。

⑤ステレオタイプ化、非現実的な期待、（対人）知覚の転移☆

支援者と関わった経験は誰にでもあり、それがその人の感情や見解に影響を与えている。そもそも、新しい支援者をいきなり中立的な視点で見ることは難しい。だが、初めのうちこうした偏見は隠れているため、関係が発展していくにつれて支援者が推察するしかない。支援者へのクライアントの推測は、当初は支援者もクライアントも気づかなかったかもしれない、より深遠で無意識の感情を基盤としている場合がある。支援者は親しみやすい親、あるいはそっけない親のように見なされるかもしれない。または以前に出会った大好きな教師、あるいは大嫌いな教師に似た人として認識されるかもしれないのだ。

となると、発生しそうな問題は、クライアントが支援者のあらゆる行動をこうした過去の経験に照らし合わせて測り、それを基にして、発展しつつある関係の質を判断するということだ。与えられた支援を基にするわけではない。たとえば、以前の支援者がつねに協力的で同情的だったら、クライアントは単に「もっと話してください」とか「これに対してあなたは何をしたのですか」と言う人間には対処できないかもしれない。「気の毒に。こんな問題が起きるなんて不運だったね」と言ってくれる人を、そのクライアントは求めているのだ。人は過去の観点から現在を見る傾向にあることを考えると、支援者は関係が築かれたばかりのころに尋ねておかねばならないだろう。これまでにクライアントが支援を受けたかどうか、そしてどんな支援を受けたかということを。そうすれば現在を測るための貴重な情報を得られる。

要するに、助けを必要として求めれば、感情的な反応を引き起こす、落ち着かなくて不安な状況が生まれるのである。こうした反応に気づかない支援者は不適切な行動をとり、役割が明確でバランスのとれた人間関係を築くのがいっそう困難になるかもしれない。

支援者が陥りやすい六つの罠

助けを求められる人は自動的にワン・アップの立場になる。すると、さまざまな行動とともにこの立場を利用したいという感情が強く働くだろう。状況を考えれば、このような反応はどれも普通だし、適切である。しかし、そういった反応は、支援者が初めにワン・アップの状態にあったために生まれたものなので、人間関係に問題を作り出す罠にもなり得ることを、支援者とクライアントは認識しなければならない。次に述べる六つの行動的反応、及び感情的反応は、自分は一段高い位置にいるとか、自分にはほかの人間が必要としている見識があるという感情から生まれたものだ。

①時期尚早に知恵を与える

あまりにも早く助言を与えれば、クライアントの立場をさらに下に置くことになる。この反応は、提示された問題が真の問題だという支援者の思い込みも暗示している。クライアントが代わりの問題を提示し、自分を試しているだけだという可能性を支援者は無視しているのだ。

▽「結構。わかりましたよ……あなたがとるべき行動は……」
▽「簡単ですよ。これから述べることを実行するだけでいいんです……」
▽「僕がそんな状況にいたときにやったことを話させてくれ」

公式の支援や準公式の支援をする状況で役に立ちたいなら、実態を探る時間をとるべきだと普通は認識するものである。友人や配偶者、そして見知らぬ人を相手にした非公式の状況では、時期尚早に知恵を伝えるというこの罠に陥りやすい。本当に求められているものが何かを知らないうちに、いきなり助言を与えてしまうのだ。

②防衛的な態度にさらに圧力をかけて対応する

支援者はクライアントが本当の問題を打ち明けたと思い込むことが多い。そして、クライアントには提供された解決策をやり通すだけのスキルも能力もあると思い込んでしまう。ひとたびこうした罠に支援者が陥ると、どんな助言でも提案でも正しいと、クライアントを説得したくてたまらなくなる。その結果、理解してもらうまで議論や説明をする必要に迫られるのだ。支援者は戸惑いを覚えるだろうが、こうした態度は人間関係が壊れる状況に通じる。というのも、クライアントも支援者も失望させられる羽目になるからだ。

▽「私の提案を理解していないようですね。もう一度説明させてください」
▽「あなたが渋るのももっともですが、だからこそ、私の提案が役に立つんです」
▽「きみは僕の話を聞いていないね。僕を信じてくれ。それをやってみるんだ」

ひとたびこうした反応を示すと、引き下がるのはいっそう難しくなる。引き下がったら、支援者は面目を失うように感じるからだ。そこで支援者は、クライアントには実のところ理解する能力がないと結論づけるだろう。クライアントが本当は支援を求めていないのだとか、この関係にさらにエネルギーを注ぐ価値はないといった判断を下すに違いない。こうした状態の最もありふれた例は、助言を与えた経営コンサルタントが、それが実行されていないことに気づく場合である。経営コンサルタントはクライアントに、自分の立場を考え直すことを説得しようとするだろう。それが成功しなければ、経営コンサルタントはクライアントに悪い印象を持ったまま立ち去る。自分たちは間違った問題に取り組んでいたかもしれないとか、最初に公平な支援関係を築けなかったのかもしれないといった考えが、経営コンサルタントに浮かぶことはないだろう。

③問題を受け入れ、(相手が)依存してくることに過剰反応する

支援者の役割をすぐさま引き受けて自信をみなぎらせている人には、助けが得られるかどうかもわからないうちにクライアントは依存してしまう。

▽「あなたの話を聞いて、私が力になれると確信しています。さあ、取りかかりましょうか……」

▽「あなたの問題は理解しています。一緒に取り組めると思いますよ……」
▽「あなたを助けられるでしょう。それには以下のことをやってください……」

表面的に見れば、こうした答えは実に適切だが、罠の危険性を含んでいる。関係が始まったばかりの段階では、支援者はどんな助けを与えられるかについてそれほど多くを知らないからだ。また、その関係で支援者がより高い地位を占めることが一方的に主張されているからでもある。初期の段階で依存状態を強めると、機能不全に陥りかねない。というのも、解決策が編み出される中で、さまざまな問題にクライアントが積極的に参加することが必要だからだ。ここでもまた、グループや組織と働くときにコンサルタントや進行役は支配権を握るという罠に陥る。彼らは提案するだけでなく、次のステップを実際に指示してしまうのだ。しかも、どんなことが感情的、または文化的に可能なのかを充分に知らないうちに命じてしまうのである。

④支援と安心感を与える

支援することが適切でなく、クライアントの地位の低さを助長してしまう場合もある。

▽「気の毒に。心からきみに同情するよ。大変だったな」
▽「きみが納得できることを何でもやりたまえ。僕はきみの味方だよ」

▽「あなたの計画はうまくいくと思いますよ。しかし、だめだとしても、あなたの責任ではありません」

状況を合理的に評価することと、クライアントが何を言おうと支えになることとの間には、微妙な差がある。本能的に力を貸せば、罠に陥る羽目になりかねない。その理由はこうだ。

一　支援者が、専門医のような権力のある役割になってしまう。
二　クライアントの地位の低さを助長する。
三　支援者との関係のその段階でクライアントがすべてを打ち明けるとは限らないため、実は不適切かもしれない。

組織におけるコンサルティングで、こういった罠をよく目にする。なぜなら、クライアントは問題をグループそのものにおけるものと見なしがちだからである。そのため、ほんとうの問題がクライアントとグループとの関係性にあることが、しばしば隠れてしまう。いったん支援者が同情心を見せてしまうと、クライアント自身が作り出したかもしれない問題の責任を認識させるのが難しくなる。

⑤距離をおいて支援者の役割を果たしたがらない

これは最もわかりにくい罠だろう。支援者は客観的であろうとする努力を意識しない場合が多いからだ。また、さまざまな罠を避けようとして、感情的な距離をかなり置くため、まったく関わりたくないという気持ちを伝えてしまう。感情面での隔たりは、公式なプロの支援が求められるときには適切だと思われる場合が多い。支援者が客観的だというイメージを強めるからである。だが友人同士のように非公式の状況では、同様に距離を置いた態度を示されると、こんなメッセージを伝えていると思われかねない。「あなたの問題にまったく関わりたくないんです」と。つまり支援者は、支援が本当に必要なときに人間関係が築かれるよう、客観性と関わりとのちょうどよいバランスを見つけるというジレンマに陥るのだ。

▽「どんなふうに手助けしたらいいか、私は本当に知らないんですよ」
▽「私にはわからないんですが……。次の○○を試してみたらどうでしょうか……」
▽「これについては別の機会に話しませんか」
▽「このことを○○と話しましたか。彼なら助けになってくれるかもしれません」

こうした無関心な態度が現れるのはなぜだろうか。心理学的に最もありそうな理由は、クライアントが感じたり経験したりしていることをもっと奥深くまで探れば、支援者は自分の見解を変える羽目になる可能性を意識的にせよ無意識にせよ、わかっているからだということだ。そうなれば、権力のある地位や、ワン・アップの状態を諦めねばならなくなる。支援者になれば、何らかの影響を受ける覚悟を強いられる場合が多く、状況に対する見方が変わるかもしれない。実を言えば、影響を受けることを厭わないというこの気持ち――クライアントが本当に言わんとしていることに耳を傾け、問題への先入観を捨てること――が、人間関係の平衡を保つ最も効果的な方法なのだ。

クライアントの話に心から耳を傾けることによって、支援者は相手に地位と重要性を与える。そして、クライアントによる状況の分析が価値あるものだというメッセージを伝えるのだ。支援というものが、影響を与えることの一つの形だと考えるなら、自分が影響されてもかまわない場合しか他人に影響を与えられない、という原則はきわめて適切だ。

⑥ステレオタイプ化、事前の期待《アプリオリ》、逆転移☆、投影

支援者は過去の経験に基づいたすべてのものに左右されやすい。以前に関わった誰かと似ているクライアントであれば、支援者は無意識のうちに目の前の相手を過去のクライアントと同じように扱うかもしれない。サイコセラピストは、嫌悪やさらには憎悪までかきたてる患者を治療することが難しいという気持ちを語っている。となると課題は、ポジティブなものであれ

ネガティブなものであれ、当初の反応が現実的かどうか、それが支援を与えることに最終的にどう影響するかを、支援者が時間やエネルギーを費やして見つけ出したいと思うか否かだろう。

私が何度となく経験した、このような特別な内容の問題には、依存または反依存への自身の反応が含まれている。何年もの体験から気づいたが、私は反依存型のクライアントのほうがうまく関わることができる。依存心の強いクライアントの話を聞いたり、応えてやったりすることは難しい。クライアントが崩れるように椅子に座り込み、問題を打ち明けたことに安堵しながら「で、私は何をすべきでしょうか」と尋ねると、私は不安になり、いささか怒りさえ覚える。仮に私がこう答えたとしよう。「そうですね、あなたはどんな代案を思いつきますか」とか「これまでのところ、どんなことを試しましたか」と。それに対してクライアントが答えられたら、われわれは前進できるだろう。しかし、クライアントが相変わらず「いや、わかりません。私が何をすべきか教えてください……」と答えるなら、私はいっそう相手から距離を置き、最終的に、自分は力になれないと言うことになるだろう。

支援者は自分の感情の性質を自覚するべきだし、支援者とクライアントとの関係の中には成り立たないものもあることを覚悟していなければならない。よりうちとけた状況では、慢性的に依存しすぎる配偶者から「明日は何を着ていったらいいか、考えるのを手伝ってちょうだい」と言われれば、同等の応答は単に「自分で決めるんだよ」となるだろう。それで当座の事態はしのげるが、質問の裏にあった対処すべき真の問題を見逃すというリスクを冒している。

このようなジレンマから抜け出す一つの方法は、依存心の強いクライアントにこう言うことだ。「あなたを助けられる自信はありません。あなたはもっと積極的に、自分で解決策を見つけるべきだと思うからです」。あるいは「あなたがすべきことを告げるのは違和感があります。私はあなたの立場にないからです。だから、私ならどうするかということしか話せないし、それが間違いなく妥当だとも思えません」

支援関係を築くことの意味

支援関係を築くとは、突き止めた罠を認識して避け、修復することを意味している。ここで言えるのは、クライアントと支援者との第一段階での交流の軸は、クライアントの地位を高めて適切な役割を認識する支援者によって管理されなければならないということだ。これを実行するのは簡単ではない。なぜなら、支援者はさまざまな心理的傾向や文化について固定観念を抱きながら、クライアントとの関係に入っていくからである。支援を求められるだけでも、相当の自信を与えられる状況だろう。支援する能力や専門知識、状況を悪用しないという責任感、または何か価値あるものをもたらす能力といったものをクライアントが認めてくれたことになるのだ。

さらに状況を複雑にしているのは、支援者がフラストレーションを感じる場合が多いということだ。支援者はクライアントが求めていそうなものよりも、さらに多くを与える能力があると自認しているため、支援だと思ったものが有益だとして受け入れられなかったと感じたとき、失望するからである。手を貸す用意ができている専門的な支援者が、誰からも助けを求められなくて苛立つ場合は多い。これは組織内のコンサルタントによく見られる状況だ。ようやく誰かが支援を求めに来ると、コンサルタントは安堵するあまり、その事態を利用しすぎて、必要でもなければ求められてもいない、余計な支援をしかねない。私のところにいる家政婦はホメオパシー［同種療法。健康な人に投与するとある症状を引き起こす薬を、その症状が出ている患者にごく少量、投与して治療する、という治療法］についての知識が豊富で、私が摂るべき食べ物について口うるさく言う。この行為が支援と言えないのは、食べ物を勧めるたびに彼女がいちいち、それが体にいいのはなぜかという複雑で長い説明をつけるからだ。だから、二〇分間の講義を毎度聞かされたくなければ、私は家政婦を避けるほかなくなったのである。

支援者はクライアントよりも早く、解決策と思われるものに気づく場合が多い。またはもっと始末に悪いことだが、クライアントのことを、実に愚かで支離滅裂な上、こんなに明白なことも見えなければ、メッセージも聞きとれないのか、と感じるときもある。その結果、支援者はクライアントに苛立ったり、腹を立てたり、軽蔑したりする。これほどすばらしい識見や助言、介入はあるまいと思うものにほとんど目を留めてもらえないことを不可解に感じ、苛立つのだ。その一方で、ありふれた質問や意見が、クライアントが高く評価する、重要な介入となる場合もある。支援の方法にはあらゆる理論やモデルが存在するのに、偶然の出来事のほうが、慎重に計算された介入よりもはるかに効果的な結果を生み出すことはよくあるのだ。

まとめ

どんな支援が行われる状況でも、初めのうちは人間関係のバランスが悪いため、クライアントも支援者も、不均衡から生じる罠に陥りやすい。したがって、成功する支援関係を築くには、クライアントの立場を確立してくれる支援者の介入が必要である。これを実行するにあたって、支援者はまずクライアントに対してどんな役割を演じるかを明確にしなければならない。あまり意識されないことだが、支援者は役割を選択できる。その方法は、長期にわたる人間関係から生まれる。次の章ではこれについて探ろう。

4 支援の種類

どんな支援関係でも、初めのうちは適切な役割や公平さのルールが本質的に曖昧である。だから、支援者もクライアントも自分のあり方を確立し、演じるべき役割を選ばねばならない。明確だと思われる公式の役割にすら——医師のもとを訪れるとか、コンピュータ・インストラクターのところへ行く場合など——曖昧さが存在している。というのも、最初のうちは支援者もクライアントもすべての事実を知っているわけではないからだ。互いへのこうした無知についてはっきりと認識されることはめったにない。だが、それに注意を払わないことがさまざまな罠に陥る原因になるという事実は、前章でざっと述べた。

支援が求められたり提供されたりしたときに、ただ一つ明白なのは、初めのうちクライアントのほうが不利で、支援者のほうが有利だという点である。有利、不利という点は意識しないかもしれないが、双方ともがよい結果が出るかどうかを案じている。うまくいく支援関係を構築するつもりなら、無知の領域について考え、徐々にそれをなくすことによって、不均衡に対処しなければならない。*1

関係が始まったばかりのとき、われわれが知らないことはかなりある。しかし、必要な情報は迅速に集められるし、最初のわずか数分で得ることさえできる。必要性を認識し、初期の段階で正しい言動をとればいい。道を尋ねるといった、ごく単純な支援を行う場合でも、自分が何を知らないのか、クライアントは何を知らないかについて、しばし考えてみることは有益だ。ひとたび無知の領域を理解できれば、それに対処するための適切な役割を選ぶことができる。

支援者が知らない五つのこと

①クライアントは情報や助言、あるいは尋ねられた質問を理解できるだろうか

たとえば、ボストンで車を運転する人にあなたが道を教えるとき、相手がマサチューセッツ通りや、環状交差点やMIT橋を知っているかどうかと、考えるだろうか。コンピュータ・インストラクターは、顧客がカーソルだのアイコンだのに慣れているかどうかを知らない。電話による音声自動サービスは、「シャープを押してください」という意味が理解できない人もいることを気にもしないだろう。医師は患者の食生活のパターンなど意識もせずに、「食間に」のむ薬を処方するかもしれない。組織のコンサルタントは、部下たちが決定事項にもっと関わるようになったかどうかと経営者に尋ねながらも、相手が「関わる」という言葉の意味をつかめているか否かを知らないのである。

②クライアントは支援者の提案に従えるだけの知識やスキルを備えているだろうか

たとえば、テニスのコーチがこう指示したとしよう。「もっと膝を曲げて」。クライアントは言われたとおりにできるだろうか。医師が「リラックスして」と言うとき、患者はそれに応じられるか。組織のコンサルタントが経営者に、同僚や部下とのコミュニケーションは明快だったかどうかと尋ねるとき、その経営者がそんなスキルを備えているかどうかを知るすべもないのだ。

③クライアントの本当のモチベーションは何か

妻が夫に「この服は私に似合うかしら」と尋ねるとき、本当に聞いているのは「まだ私のことを好き？」ということだ。トイレがとても近いんです、と泌尿器科医のところに来る患者が本当に相談したいのは、勃起障害についてではないだろうか。こうした点こそが、組織のコンサルタントにとって最大の無知の領域だ。とりわけ、組織のどこが悪いのか判断するために、組織のほかの部分に取り組んでほしいとコンタクト・クライアント［問題を持って最初にコンサルタントに接触してくる人］が求めてくるとき、本当はそうでないことが多い。

④クライアントのおかれた状況はどんなものか

支援者はクライアントに関して、ほかの人間関係や集団の帰属関係、文化的な制約などの点をあまりよく知らない。たとえば、組織の中で新しい方法を用いたコミュニケーションのとり方や指導の仕方を人々に訓練することは多いが、うまく訓練されたはずの人たちが元の方法にまた戻っている場合がよくある。常識的に職場環境では、新しい方法が支持されないからだ。同様に、家族療法士が新しい行動を勧めても、クライアントはそれに従わないだろう。というのも、家族にはその家族なりのルールがあるからだ。また、ファイナンシャル・アドバイザーが助言しても、クライアントは浪費癖を改めまい。そこには個人的な性質が深く関わっているからである。

⑤クライアントは過去の経験から、どんな期待や固定概念、恐怖心を持つようになるか

これは専門家が支援する際、特に問題視される。なぜなら、クライアント候補者はセラピーやカウンセリングの内容に相当な先入観を実は抱いているからだ。そのため、かなり不安に感じたり、初めのうちは身構えたりするかもしれない。

だから、支援が行われる状況は、ここまで述べたように多くの罠を隠しているだけでなく、非常に漠然としたものでもある。したがって支援者が最初に介入するときは、クライアントの立場を尊重するように調子を合わせるだけでなく、クライアントについて重要な情報も入手しなければならない。

クライアントが知らない五つのこと

クライアントはさまざまな領域について無知なまま、支援される状況に入っていく。支援を必要とするクライアントは、それを求める前に関連情報をいくらか得ておくべきだ。人からの紹介で支援者を決めることが多い、公式の支援については特にそう言える。とにかく、突然に支援を提供されたクライアントは、無知の領域をなくす方法を見つけなければならない。

①支援者には助けを与えるだけの知識やスキル、モチベーションがあるか

あるガソリンスタンドに併設されたコンビニエンスストアで道を聞いたところ、カウンターにいた店員が英語を話せないか、その街に来たばかりなので、その通りを知らなかったという状況を考えてみよう。支援を与えられそうな人が、忙しすぎるからとか、力になれない、とか、または「あとにしてくれ」と答えたために、助けてもらえなかったという場合はどれくらいあるだろうか。もっと公の状況だが、セラピストやコーチ、あるいは弁護士は、助けを求められたら反応すべきだと心得ている。そこで、彼らは助けになってくれるか、ほかの人に助けを求めてくれと答えるため、クライアントの面目はつぶれずにすむ。クライアント候補は支援を与えてもらえない関係に極端に長く時間をかけたり、エネルギーを注いだりする前に、このことを確認しておく必要がある。

②この人に助けを求めれば、どんな結果が得られるか

道を尋ねたところ、相手がそれを教えてくれただけでなく、実際にあなたの腕をとるなどして一緒に歩き始めたといった経験をしたことはあるだろうか。私のコンピュータ・インストラクターは、情報を求める簡単な質問に対して、コンピュータがどのように動くかという詳細な説明を長々としてから、答えを与えるのが普通だ。さらに、今後同じ質問を私がしないために必要だと思われることをいくつか教え込む。こちらが頼んでもいないし、理解もできないそうした余分な支援が役に立つものかどうかと、私はよく疑問に思う。クライアントは自分の限界を知っているし、その関係にのめり込む前に、必要なレベルでの情報を得るように試みなければならない。

③この支援者は信用できるか。状況を利用して何かを不当に売りつけたり強制したりする人ではないだろうか

うまいセールスのやり方は、顧客になりそうな人に何かをしてあげることから始めるのが普通だ。もし、セールスパーソンに何かをしてもらえば、あなたはある意味で恩義を感じ、勧められたものを買おうという気になるだろう。こうした義務に縛られたくないため、相手にわざと助けを求めない場合はどれくらいあるだろうか。または相手を試すため、本当の問題とは別

のことを求める場合も多いのではないか。専門家が関わる状況では、関係が進むにつれて、クライアントは自分の主観で進捗を判断する。そして、何度かの面談のあとで、セラピストやコーチ、あるいは経営コンサルタントが実のところ、何かを売りつけているのだと気づいてひどく幻滅する場合もある。

④クライアントとして、私は提案されたことを実行できるだろうか

こちらが知りたいとか、覚えていられる以上のことを支援者から教えられると、私はどうしていいかわからない。道を教えられたり、パソコン関係の説明をされたりした場合は特にそうだ。もう一度、話を繰り返してほしいと頼もうか、それとも話をメモするべきか。そんなことをすれば、さらに時間がかかるのではないか。善意から出てはいるが、自分が理解や実行ができる範囲を超えた支援にどう応えればいいのだろう。どんな対応をすればいいのか。

私は義理の息子から、新しい携帯電話の使い方を教わったことがある。彼は電話を手にとると、「メニュー」ボタンを押し、「住所」の項目まで画面をスクロールして、真ん中の黒いバーを押すと現れた項目を調べて私が探していた名前を見つけると、緑色のバーを押した。すると、電話がかかった。だが、問題が二つだけあった。一つ目は、私が電話などかけたくなかったことだ。ただ、相手の電話番号を書き出したかっただけなのである。そこで、相手の名前は出てきたものの、私にはまだ電話番号の出し方がわからない。問題の二つ目は、最初の二つの

ステップを練習する機会がなかったことだ。そんなわけで、私は早くも、メニューにアクセスする方法も、住所録の出し方も忘れている。

⑤支援を受け入れると金銭面や感情面、また社会的な面でどれだけの代価を払うことになるだろうか

見知らぬ人が私の目的地まで歩いて案内してくれたり、荷物を持ってくれたりした場合、どのようにお返しをしたらいいだろう。重要で個人的な問題にかなり力になってくれた友人の好意には、どう応えればいいのか。クライアントが負うことになる義務は、さまざまな事例で明らかになっている。それを見ると、ある時点で受け入れられた支援や行為は、たとえ都合が悪いときであっても、あとでお返しをしなければならない場合があることが驚くほどよくわかる。マフィアの数々の逸話に示されているように、支援には借りが生じるという状態は、支援者が権威を備えている場合に顕著だ。公式の支援の場では、支援への返礼はいくらかはっきりしたものになり、その結果生じた社会への借りは最小限にとどまるだろう。

支援者になりそうな人のジレンマはもはや明らかである。支援者は無知の領域が自分にあるだけでなく、クライアントもそれに苦労しているかもしれないと認識しなければならないのだ。支援者の課題は、必要な情報がうまく流れるように促すことである。

役割を選択する

支援を求められてただちに応える場合、支援者には基本的に方法が三種類ある。こうした一般的な支援の役割はさまざまな想定に基づいて成り立ち、人間関係にそれぞれ異なった結果をもたらす。[※2] 弁護士や医師のもとを訪れるといった、必要とされる支援が明確な公の関係ですら、初めのうち支援者はどんな役割を演じるかを選ぶことになる。そうした行為が仕事ではなく、役割だということをいくら強調しても強調しすぎではないだろう。誰もがそれぞれの役割を演じることができるし、われわれは状況に応じてつねに役割を変化させている。

支援者が選べる役割は次のとおりだ。

1　情報やサービスを提供する専門家
2　診断して、処方箋を出す医師
3　公平な関係を築き、どんな支援が必要か明らかにするプロセス・コンサルタント

専門家と医師という最初の二つの役割は、ある程度重なり合う部分があり、かなりよく知られている。それどころか、支援者というものの一般的な概念は、専門家か医師になることだろう。ある意味で、こうした役割の演じ方は知られすぎているため、その役に就いている人は無

条件で高く評価されるが、そうした傾向は特に西欧諸国で顕著だ。プロセス・コンサルタントの役割はもっと間接的で、漠然としたものである。まず、支援の必要な内容や問題ではなく、支援を与えたり受けたりする行為をはじめ、人と人がかかわるプロセスに焦点を当てる。プロセスに集中することは、信頼し合った親密な関係をつくる上で不可欠である。文字どおり、互いを受け入れることは、関係を維持し深めるために不可欠のプロセスだとわれわれは学んでいる。しかし、そのスキルをあらゆる支援に際して信頼を築くために活用すべきだとはあまり考えていない。状況が感情によって変化しがちな、友人や配偶者との関係では特にそうだろう。この社会で成長するだけで、人は誰でもこれら三種の役割を演じる方法を身につける。しかし、各役割に伴う前提を調べてみると、初めのうちはプロセス・コンサルタントの役割を身につけることが重要だとわかる。数え切れないほどの無知の領域について考え、そのいくらかを取り除くには不可欠なのである。

◆役割1　専門家の役割——情報やサービスを提供する

これは支援というものを解釈する場合、最もよく受け入れられる役割だろう。クライアントは自分で入手できない何らかの情報や、専門的なサービスを支援者から得ようとする。それは道を尋ねるといった簡単な問題から、経営者がコンサルタントを雇いたいと思うほどの組織の複雑な問題まで、多岐に渡る。さらに、個人的な問題に何らかの助言をもらおうと、専門家を訪ねる状況も含まれる。この役割の本質は、支援者の力とはクライアントの状況を好転させるための知識やスキルに基づくもの、という点にある。

組織・経営コンサルタントの業務は、支援者の役割に採用されることから始まることが多い。クライアント——たいていは組織の一部門の管理職か代表者は、何かが不足していると定義し、組織にそれを満たすだけの資源も時間もないと結論づける。そこで、コンサルタントが情報やサービスを提供し、その引き換えに報酬を支払われる。たとえばある経営者が、特定の消費者の感情や、人事部の新たな方針に対する従業員たちの反応、ある部門のモチベーションがどれくらいあるかといったことを知りたいとしよう。すると、コンサルタントが雇われて、面接やアンケートの形で調査を行い、出てきたデータを分析する。

専門家の役割が本当に助けとなる可能性は、以下の条件が満たされるかどうかによる。

一　クライアントが問題を正しく診断しているかどうか
二　クライアントがこの問題を支援者ときちんと話しているかどうか
三　支援者には情報やサービスを提供する能力があると、クライアントが的確に評価しているかどうか
四　支援者にそうした情報を集めさせることや、支援者が勧める改革を実行することを、ク

ライアントがよく考えているかどうか

五　客観的に分析でき、クライアントが利用できる情報に落とし込める外的現実があるかどうか

以上の前提がきちんと満たされ、無知の領域がなくなったとき、専門家の役割はうまく果たされる。われわれは修理業者や薬剤師、ファイナンシャル・アドバイザーといった人たち、そしてさまざまな種類の専門家からあらゆる種類の支援を得る。それは、自分に必要なものを知り、支援者が与えられるものを正確に見積もることができる場合に可能だ。非公式の支援や準公式の支援を与えられる状況では、こうした支援の形が役に立つ。しかし、このような状況においてすら、事態はひどく悪化する場合がある。というのも、前にあげた前提が満たされず、支援者かクライアントのいずれかが、この前の章で明らかにされた罠の一つ、またはそれ以上の罠に落ちてしまう可能性があるからだ。

専門家の役割を初めから引き受ける支援者は、問題がより複雑になると、成功する可能性が低くなる。組織コンサルタントや経営コンサルタントはなぜ不満足な結果を残す場合が多く、なぜ彼らの提案があまり実行に移されないかは容易に説明できる。複雑な組織の中で情報やサービスを効果的に与えるには、前にあげた条件のうち、彼らはいったいいくつ満たすべきだろうかと考えればわかることだ。

こうしたプロセスにおいて、初めのうちクライアントがより多くの力を手放すことにも注目すべきである。支援者はクライアントのために、関連情報や専門的意見を探し出して提供するように依頼され、権限を与えられる。しかし、ひとたび任務を与えてしまうと、クライアントは支援者が見つけ出す答えに頼りきるようになる。支援者のほうは自分が得意とするものを何でも売り込もうとしがちである——金槌を手にしていれば、世の中全体が釘の束に見えてしまうようなものだ。こうしたわけで、クライアントは、どんな情報やサービスが本当に役立つかわからなくなり、無力になりがちである。しかもクライアントは、自分が理解し利用できる情報があるにちがいないと思い込む。

たとえば、組織はしばしば調査会社を頼んで、特定の問題に対して自社の従業員がどう感じているかを判断してもらうが、自社の文化についてさえ診断を下してもらう場合もある。私はほかの機会に述べたのだが、[*3] 文化のような概念は探査機で測るものとは違う。だから経営者は信頼できるデータを手に入れているのではなく、情報のように見せかけられた意見を入手しているだけである。審美的な問題、あるいは倫理的な問題や道徳的な問題に助けを求めるときも、注意すべきことに、同じようなことがいえる。専門家は自分たちが「知識」と見なすものを施したがるかもしれない。しかし、クライアントが心得ておくべきなのは、それがかなり意見の分かれるものであり、また、専門家が二人いれば、異なる結果が生まれる可能性もあるということだ。

となると問題は、支援のプロセスで専門家になるのが適切なのはいつか、ということではなかろうか。クライアント候補にとって、情報をもたらす支援者が明らかに専門的知識を持っているることが最もふさわしいように思われるだろう。だが、地元の人に道を尋ねるといった、支援者の情報に疑う余地がないような状況でさえも、驚くべきことに、情報がまぎらわしかったり複雑だったり、わかりにくかったり、ときには間違っていたりする場合さえあるのだ。また は支援者の観点からすると、道を教えようとしたところ、実はクライアントが本当に行きたい場所へたどり着く方法がわからないと気づくことが何度あるかしれない。したがって、支援関係の初期では、専門家の役割が適切である場合はめったにない。

◆役割2　医師の役割――診断と処方

医師の役割は、いわば専門家の役割を引き伸ばして大きくしたようなものだ。クライアントは支援者が情報やサービスを与えるはずだと思うだけでなく、診断してくれたり処方薬を出してくれたりすることまで期待する。またしても、クライアントが望もうと望むまいと、頼もうと頼むまいと、支援者はその役割を果たすか否かを選べるだろう。そのため、支援者にはいっそうの権力が与えられるのだ。

われわれは医師やカウンセラー、コーチなど、多様な〝人を直す人《リペア・ピープル》〟のところへ行くため、こうした役割については、日常生活でお馴染みになっている。経営者はよくコンサルタントを雇い入れて、いくつかの領域を診断させたり、改善させたりする。コンサルタントに組織を観察させ、適切に機能しておらず、注意を払うことが必要な領域がないかどうかを調べてもらうことも多い。支援者にしてコンサルタントでもある人は、組織のどの部分に不具合があるかを探すために雇われ、医師と同様に、何らかの治療プログラムを勧めるか、改善策を処方することを期待される。

こうした役割のせいで、診断や処方、治療を行う支援者はさらに強大な権力を手にすることになる。クライアントは自ら診断を下すという責任を放棄する――それによってますます支援者に依存するわけだが――だけでなく、部外者が内部に入ってきて問題を見つけ出し、それを改善することを当然だとさえ思っている。こうした役割は支援者にとって魅力的に違いない。というのも、これによって支援者は権限を手に入れ、何でも見通す能力を与えられるからだ。専門的な診断を下し、一連の治療を行うことで、支援者が得られる高額の報酬は正当化される。また、彼らが与えていると主張する支援の性質も、目に見える具体的な形になるのだ。こうした関係では、支援者がどんなことを行っているかを確認する上で、報告書や発見事項の提示、診断結果、提案というものがとりわけ重要になってくる。コンサルタントの大半にとっては、こういった行為が彼らの仕事の本質なのである。そして、徹底的な分析や診断を行い、提案を具体的な文書にして初めて、仕事を完了した気分になるのだ。

ほとんどの読者は各自の経験からおわかりと思うが、このように医師的な役割は人気が高いものの、さまざまな問題をはらんでいる。われわれの誰もがクライアントとして、支援者の助言や提案がどれほど的外れのものになりうるかを経験したことがある。また、こちらが助言を求めたとはいえ、何かをしろと命じられることがどれほど不快かという点も。一方、支援者としてのわれわれはみな、自分で認めたいと思う以上にこんな経験をしている。つまり、助言や提案が丁重なうなずきとともに受け入れられたが、結局は無視されるだけだった、というものである。さらにひどい場合は、助言や提案がことごとく否定され、クライアントの状況をまったく理解していないと告げられる場合さえあるのだ。クライアントは弁解がましくなったり、助言者が見落とした重要な事実を指摘したり、勧められた行動はとっくに試したがうまくいかなかったなどと言って提案を見くびったりする場合が多い。こうした問題を理解するには、まずこの医師的なモデルに含まれた暗黙の前提をいくつか分析しなければならない。

この役割で最もはっきりした難点の一つは、支援者が正確な診断情報を得られるはずだという仮定である。実は個人の場合でも、組織の場合でも、支援を求めるクライアントは正確に診断するために必要な情報を明らかにしたがらない可能性がある。薬を処方する場合でさえ、医師は患者が詳しく話した症状だけを頼るしかない。ある程度の信頼が生まれて初めて、支援者はクライアントが事実をきちんと話してくれることを期待できるのだ。逆に、偏見を抱いている初期のうち、クライアントは支援者の注意をすぐさま自分に向けさせようと問題を誇張したり、支援者の関心の度合いを探るために問題をわざと控えめに言ったりする。いずれの場合も、支援者は現状を正確に把握できないだろう。それが可能になるのは、信頼関係が築かれたときなのだ。

それと同じくらい、医師の役割にとって難問なのは、支援者が下した診断をクライアントが信じたがらなかったり、提供された処方を受け入れようとしなかったりすることだ。大半の組織のデスクの引き出しには、クライアントが理解もできなければ受け入れようともしなかった、コンサルタントによる報告書が詰まっているだろう。当然、問題になるのは、医師がクライアントの参考となる一般的な診断のしくみを構築してこなかったことだ。そのため、クライアントの個人的な性質や、環境における文化的な影響力については何もわからない状態かもしれず、ある種の処方は施されないかもしれない。もし、支援者があらゆる診断を行う間、クライアントがただ処方を待っているだけなら、コミュニケーション不足による隔絶が起こることが予測できる。その結果、診断や処方をされても、不適切で不快なものに思え、実行が不可能になってしまうのだ。

標準的な医療においてさえ、無条件に診断を受け入れたり、医師の勧めに従ったりしない患者が増えたことに医師は気づいている。こうした現象が最も明確に現れるのは、病気に関する前提や、病気への対処法が文化によって異なりそうな、異文化間の場合である。それはさておき、このような状況は乳癌の治療現場でも増加している。そこでは癌専門医が乳房切断術を行うか、化学療法と放射線療法のプログラムを適用するかという重要な選択で患者と関わらねばならない。同様に形成外科でも、手術の最終的な成功を決定する上での要素として、患者の目標や自己イメージが重要となっている。

医師的な役割の三つ目の難点は、人の作り出したシステムにおいて、実際にはどのシステムにおいても、診断のプロセスそのものが予期しない結果を生み出す介入にほかならないことだ。ストレステストやＭＲＩ、心理テストを受けたり、医師という支援者と健康について長々と面談したりすれば、クライアントの思考は刺激され、自分の人生に何が起こるのかという疑問が生じる。クライアントは検診自体にかなりの恐怖心を与えられ、支援を求めるのをやめようといった、偏見を抱くことになるかもしれない。

医師的な役割に伴う四つ目の難点は、診断や処方が効果的なものでも、クライアントは勧められた変化を受け入れられないかもしれないということだ。診断を行っている間、個人的な要素や社会的な要素については検討されなかったからである。

要するに、医師としての役割がどの程度成功するかは、以下の点にかかっている。

一　クライアントが正確な情報を明かす気があるかどうか
二　クライアントが診断や処方を受け入れ、信じるかどうか
三　診断のプロセスによる結果が正確に理解されて、受け入れられるかどうか

四　勧められた変化をクライアントが実行に移せるかどうか
五　クライアントが依存心を強めた結果が、最終的な解決策の助けとなるのか、妨げになるのか

医師としての役割を演じるタイミングを決める上で最も問題となるのは、この役割がより強力な立場に移行できるほどの信頼がいつ築かれたかを、どのようにして知るか、あるいは感じるかということだ。さらに、クライアントが、いつ実際の権力や地位の違いを適切で公正なものだと認めたりするのかを悟ることも欠かせない。この章の初めに私が述べたように、支援者もクライアントもさまざまなことに関して無知なのである。だから、効果的な支援関係を築くために、こうした無知をいくらかでも取り除くことにまず力を注がねばならない。

◆役割3　プロセス・コンサルタントの役割

プロセス・コンサルテーション[*4]とは、支援者が最初からコミュニケーションのプロセスに焦点を当てることを意味する。クライアントの要求の内容は無視されないが、支援者はまず、態度や声の調子、環境、ボディランゲージ、ほかにも不安や信頼の程度を示す手がかりに注意を払うことによって、相互の関係がどうなっているかに注目する。目的は互いの立場を対等

にし、クライアントも支援者も無知をなくせるような環境を作ることだ。その概念は、あまり多くを想定せず、クライアントがよりさまざまな事柄を打ち明けられるような状況を作ることである。そうすれば、そのプロセスの中でクライアントは立場を獲得し、信頼を構築していけるだろう。つまり、初めの段階で権力のある地位に就くことによる罠を避けるために、控えめな問いかけ《ハンブル・インクワイアリー》をする役割を選ぶという行動である。

この役割は実際の状況次第なので、どんな専門的知識や療法が必要とされているかについての関連情報が浮かぶまで、数秒から数分しかかからない場合もある。または、支援者がこの役割に長くとどまる場合もあるだろう。新しい状況のために、クライアントは非常に積極的な役割を演じ続けることになるかもしれないからだ。いずれの場合も、控えめな問いかけを通じて支援者が関心を伝えているため、支援関係が築かれ始める。

この役割の中心にあるのは、クライアントが主体的であり続けるように――つまり診断や改善のイニシアティブを保持し続けるように、クライアントを励まさねばならないという前提だ。なぜなら、識別された問題を抱えているのはクライアントだけだし、自らの状況の真の複雑さを知っているのも、自分たちの文化で何がうまくいくかを心得ているのも彼らだけだからである。クライアントは自力で困難を切り抜けられる場合が多いかもしれない。そしてクライアントに何をせよとか、何を改善しろとか命じるよりも、こうした支援の形を手助けするほうが、より適切な場合が多い。クライアント自身が洞察を得たり解決策を考えたりすることに重点を置くカウンセリングやセラピーの形には、このことが何よりも如実に示されている。クライアントが個人的な、あるいは組織的な複雑な問題を持ち出したとき、プロセス・コンサルタントの役割をどう演じる必要があるかは容易にわかる。

情報やサービスといった単刀直入の要求をされた場合に、この役割をどう適用するかはわかりにくい。だが、専門家や医師として成功している人は、ほかの役割を適用する前に、プロセス・コンサルタントの役割を演じなければならないという例をいくつもあげられるだろう。たとえば、有能な技術コンサルタントや自動車整備士は、どういう状況か、どんなことをもう試したのか、何を期待し、何を恐れているのかといったことをクライアントと数分間も話せば、専門家や医師の役割に移行する。一方、癌専門医は、乳癌を患った女性に治療を施す前に、彼女にとって最善の選択ができる関係を築き上げなければならないことに気づくはずだ。弁護士は長期にわたるプロセス・コンサルテーションの時期を経て初めて、クライアントが離婚訴訟の手続きをどう進めたいかがはっきりとわかるかもしれない。共同での意思決定が心地よくなってからようやく、弁護士や医師は専門家としての役割や、処方を施す役割を充分に果たすことができるのだ。

私がプロセスに注意を払わなかった結果、不必要な苦痛を生じさせた状況が思い出される。かつてインフルエンザにかかって弱っていた友人から、座っている長椅子から立ち上がらせてくれと頼まれたことがあった。友人の片腕をつかんで引っ張り上げようとしたところ、彼は叫んだ。「そっちの腕じゃないよ！」。友人は片方の肩をひどく痛めていたのだが、私はそんなことを知らなかったのである。そのときにもっとプロセス・コンサルタントの役割を演じていたら、私はこう言っただろう。「どんなふうにしてあげたらいいのかな」。そうすれば友人は引っ張ってもらいたいほうの、無事な腕を差し出しただろう。

要するに、プロセス・コンサルタントの役割の適用は、以下のような前提に基づいている。

一　クライアントというものは経営者であれ、友人や同僚であれ、あるいは学生や配偶者、子供などであっても、何が本当にうまくいっていないのか、実際の問題が何かを診断する上で、どんな助けが必要かを知らない場合が多い。しかし、問題を抱えて生きていくのはクライアント自身だけなのだ。

二　クライアントは、コンサルタントがどんな支援を与えてくれるのかをわかっていない場合が多い。どのような助けを自分が求めているかを知るためのガイダンスが必要だ。

三　クライアントの大半は物事を改善しようという意図を持っている。だが、何をどのように改善するかを見極めるには、支援が必要だ。

四　自分が置かれた状況で何が最終的に効果をあげるかがわかるのは、クライアントだけだ。

五　自分自身で問題を見抜いて対応策を考えないかぎり、クライアントが解決方法を実行に移す可能性は低い。また、そうした問題が再発したときに、修復する方法が身につかなくなる。

六　支援の最終的な機能は、診断するためのスキルをクライアントに伝え、建設的な介入を行うことだ。そうすればクライアントは自力でもっと状況を改善していくことができる。

まとめ

支援を求められた人は、支援をする際、三つの役割から選択できる。それは専門家、医師、そしてプロセス・コンサルタントだ。初めのうちはクライアントも支援者も、現状についてさまざまな点で無知であるし、互いの関係は不平衡な状態だ。そのため、専門家や医師の役割からスタートすると、結果的にクライアントもコンサルタントも罠に陥る可能性がある。したがって、有効な支援関係を築くためには、クライアントの立場を確立し、価値ある情報を引き出せるように支援者が介入することが求められる。プロセス・コンサルタントの役割から始めれば、均衡した立場を実現するのがきわめて容易だろう。また、どんな支援が必要とされ、それを与えるにはどういった方法が最善かを決める上で欠かせない情報を明確にしやすくなる。ある程度の信頼が築かれて初めて、正確な情報が得られるようになり、その結果、専門家や医師の役割に移行できるのだ。支援のプロセスが進むにつれ、支援者は状況に応じて、何度となくプロセス・コンサルタントや専門家や医師の役割を切り替えるかもしれない。

今や、支援というものの核心を成す考えを述べることができる。どんな支援の状況も、プロセス・コンサルタントの役割を果たす支援者によって始められ、以下のことが実行されねばならないのだ。

一　状況に内在する無知を取り除くこと
二　初期段階における立場上の格差を縮めること
三　認識された問題にとって、さらにどんな役割をとるのが最適かを見極めること

初めのうちは、支援関係におけるプロセス・コンサルタントの役割の本質は控えめな問いかけをすることだ。これはどういう意味なのか、どのように実行したらいいかについては次章で述べよう。

5

控えめな問いかけ

支援関係を築き、維持するための鍵

どのようにして支援関係を築き、維持するかという疑問への基本的な答えは矛盾したものとなる。というのも、その定義や説明はあきれるほど簡単なのに、確実に実行することは途方もなく難しいからだ。どんな支援関係においても最初は、またその後も、重要なのはクライアントの問題の中身や支援者の専門的知識ではなく、本当に必要なものを双方が理解するためのコミュニケーションのプロセスなのである。

クライアントと支援者の社会的地位を最もうまく釣り合わせるコミュニケーションのプロセスは、何か価値あるものを支援者がクライアントに与えることだ。初めのうち、一段低い位置にいるのはクライアントのほうである。その結果、問題を抱えているせいで、より価値のない存在として断定されても無力なのだ。米国の文化でこうした傾向がいっそう問題になるのは、女性よりも男性の場合である。私の経験によれば、問題を抱えていると人前で認めることは、男性のほうが難しい。もっとも、助けが必要なことを認めるのは女性のほうが楽だとはいえ、一段低い位置にいるという感情は同様に存在している。

支援を与え、寛大な態度で、自信を強めさせるようにこのダイナミクスに取り組むのは支援者の役目である。最初の介入は、私が「控えめな問いかけ」と呼ぶものでなければならない。

たとえ、それが、相手と会った最初の数分間にただ注意深く観察することや、慎重に耳を傾けることにすぎなくても。重要な点は、馴染みのあるものに思えたとしても、状況を固定観念で決めつけないことだ。道を教えるといったごく単純な支援の状況でも、クライアントが本当は何を求めているのか、クライアントの要求は理にかなうものかどうかと、支援者はちょっと考えてみることが大切である。前章で述べたように、こうした質問は無知なものに接する場合に最もよく状況を説明してくれるだろう。これは純然たる問いかけなので、控えめであると呼ぶのはふさわしい。支援者は観察、または注意深く耳を傾けることから得たものを、受け入れやすくなるかもしれない。支援者の期待が間違っている可能性もあるし、支援者は、信頼を引き出し、問題を抱えていることに対してクライアントがもっと楽になれるような、新たな情報を受け入れたくなるだろう。さまざまな組織のプロジェクトにおいて、クライアントは自信を高め、支援とは実際に役立つものだと悟る必要がある。

こうした点を表している支援の状況をいくつか見てみよう。たとえば、ウエスト・ケンブリッジにいる私が、マサチューセッツ通りへの行き方を尋ねられたという例を思い出してほしい。マサチューセッツ通りは、そのときに私たちがいた通りと並行に走る長い道だ。道を尋ねた人がどこへ行く必要があるのか、私にははっきりとわからなかった。そこで目的地はどこかと聞いたところ、相手の女性はボストンのダウンタウンへ行きたいと答えた。その時点で、私は彼女の車がすでに走っているパークウェイをこのまま進めば、ボストンへまっすぐ行けると指摘できた。そこで、彼女が道からそれるのを防げたのだ。相手の問いにまともに答えたら、目的地はどこかと尋ねるよりも、役に立たない結果になっただろう。もしかしたら、彼女が重い病気を患って病院を探さねばならないが、マサチューセッツ通りにある病院しか知らなかったという可能性もあり得る。質問しなければ、問題が何かということさえ知る方法はないのだ。

父親のところへ駆けていき、「パパ、この宿題を手伝って」と言った一〇歳の子供の例をまた考えてみよう。すぐさま答えに飛びつくのではなく、父親はこんなふうにも言えたはずだ。「どんなことを考えているのかな」とか「もっと話してごらん」と。どちらの場合でも、さらに会話することになり、その子供の心に本当は何があるのかわかっただろう。

ここで少し考えてほしい。場面は、手術を受けたあとで寝たきりの患者が尿意を催し、病床用の便器を据える手助けを看護師か付き添いに求めたいというところだ。患者が自尊心を失わずにこれをやり遂げるにはどうしたらいいだろう。支援者は相手の気持ちを察しなければならない。患者を助け起こす前に、付き添いはこんなふうに問いかけるといい。「どうしてほしいですか」とか「一番痛むところはどこですか」または「どこへ連れていってほしいですか」と。

パソコン電話相談センターの係員が、パソコンが動かない、と取り乱して電話で文句を言ってきたユーザーを相手にしているという状況を考えてみよう。係員が知らないのは、ユーザーにいくらかでも知識があるのかどうかということだ。そこで、まずはいくつか質問をして、ユーザーが何を知っているかを確かめなければならない。特に、カーソルとかハードドライブといった専門用語や、係員にとっては日常的だが、ユーザーにとっては外国語に等しいかもしれない、パソコン関連の言葉について確認しよう。係員は答えを聞けば、相手が理解しているか否かがわかるような一般的な質問から始めなければならない。そうした問いかけはこんな簡単なものになる場合もある。「もう少し話してください」。「この状態はいつから始まりましたか」。または「どんな処置をとりましたか……」

今度は、自殺防止ホットラインについて考えてみよう。おそらく最も困難なのは、電話をかけてきた自殺志望の人にできるだけ長く話させて、相手に自信を持たせるようなことを係員が言う時間を稼ぐことだろう。そうした質問の例として最も感銘を受けたものを、サイコセラピストをしている友人から聞いたことがある。彼の話によると、自殺志望の患者にこう尋ねたという。「あなたのすべてが自殺を願っているのですか。それとも、あなたの中には自殺を望まない部分がいくらかでもあるのでしょうか。ちょっとでいいですから、自殺を望んでいないあなたの部分と話させてください」。言うまでもなくこの目的は、自分にはもっといい部分、自信を持てる部分があると患者に気づかせることだ。

さらなる情報を求めることにより、支援者は三つの重要なことを成し遂げている。

一　何か重要なことを知っているという役割を与えて、クライアントの立場を確立すること
二　その状況への関心や思い入れを伝えて、一時的なものであるにせよ、人間関係を築く意欲を高めること
三　重要な情報を得ること

その結果、支援者は次にすべきことがわかるのだ。実際的な観点からすると、三つ目の目的――さらに情報を得ることが、最も重要だろう。これがなければ、支援者は時期尚早のうちに専門家や医師の役割に飛び込み、誤解されたり拒絶されたりする助言を抱えて慌てた結果、失敗する場合が多い。

問いかけの形を選択する

問いかけとは、具体的な振る舞いと同様に、一つの態度である。これがどう運ぶかは、実際の状況にかなり左右される。しかし、問いかけの方法が異なれば、結果も異なったものとなる。そこで、支援者を目指す人はどのような問いかけをするかをきちんと選択しなければならない。プロセス・コンサルタントの役割をする支援者でも、その役割をどう演じるかの選択肢がある。次の基本的な四種類に分けて問いかけを考えると、非常に有益だろう。

1　純粋な問いかけ
2　診断的な問いかけ
3　対決的な問いかけ
4　プロセス指向型の問いかけ

①純粋な問いかけ

純粋な問いかけのプロセスには、いくつかの目的がある。クライアントの立場を確立し、自信を育てること。クライアントが不安や情報、感情をさらけ出しても安全だと感じる状況を作ること。その状況についてできるだけ多くの情報を集めること。そして診断や行動計画のプロセスを通じてクライアントに関わることである。

非公式で日常的な支援関係では、純粋な問いかけはあまり見られないかもしれない。しかし、もっと公式な支援関係であるコンサルティングやカウンセリング、セラピーでは、初めから支援関係の中心的な特徴となるのが、この純粋な問いかけだろう。矛盾するようだが、純粋な問いかけは沈黙とともに始まる。支援者はボディランゲージやアイコンタクトを通じて、話に耳を傾ける用意があることを伝えるべきだが、何も言ってはならない。クライアントは求めに応じて詳しく語る準備がもうできているかもしれないし、自分の知識やスキル、あるいは支援を受けるための準備に基づく情報を話し始めるかもしれない。黙っていてもそれ以上有益な情報を引き出せそうにないなら、支援者は、以下のような言葉で答えを促すといいだろう。

▽「続けてください……」
▽「もっと話してください……」
▽「どうなっているのか教えてください……」
▽「どういうふうに手伝ったらいいですか」
▽「それで……?」（期待を込めた表情で）
▽「どうされましたか」
▽「その例をいくつかあげてくれませんか」
▽「何が起こったのか、少し詳しく話してもらえませんか」
▽「これが最近起きたのはいつですか」
▽「すべてを話してくれましたか……」
▽「あなたが話してくれたことに関連して、ほかにも何か思い浮かびますか」

重要なのは、問題を前提とした質問で話を促さないことだ。それこそクライアントが否定したがっていることかもしれないからである。質問は抽象的な内容をつねに避け、抽象概念や一般的な事柄よりは、もっと詳しい例を求めよう。初めのうちは、起きている事柄だけに集中すべきである。そうすればクライアントは快適に感じる方法で支援者に接することができるだろう。たとえば、一段低い位置にいるという感情に対処するため、クライアントは支援者を試そうとして尋問を始めたがるかもしれない。そして目の前の状況については何も語らない可能性もある。

純粋な問いかけの場合、クライアントが述べ始めることへの対応としては、思いやりのある態度でうなずいたり、たまに小さく声を発したり、ほかにも支援者が話を聞いていることを態度で示したりするのが普通だ。さらに、必要であれば、「続けて」とか「それについてもう少し話してください」とか「それからどうなったのですか」などと言って、話を促そう。目的は、クライアントにどのように話させるかではなく、すべてを打ち明けるように励ましを与えることである。そうすれば、支援者は無知の領域をなくし、理解を深められる。具体例を尋ねることは特に大切な方法だろう。というのも、支援を要求することは抽象的な結果になる場合が多く、何が起きているかについて支援者が仮説を反映することで、クライアントが本当に言おうとしていることを見落としてしまいがちだからだ。典型的な例をあげると、「自分がこんなに内気でなければいいなと思うんですよ。手を貸してくれませんか」とクライアントが言うような場合だ。「内気」という言葉がクライアントにとってどんな意味を持つのか、支援者にある程度わからないと、手など貸せないことは明らかである。そこで支援者は、いくつか例をあげてくれと求めなければならない。

いずれクライアントの話もペースが落ちるか、終わってしまう。さらに促しても、続きは始まらないだろう。それどころか、クライアントはふいに話を打ち切り、ずばりと尋ねるかもしれない。「あなたはどう思いますか」とか「それについて私はどうすべきでしょうか」と。このとき支援者は、質問に答えることによって、いきなり専門家になるという罠に落ちないようにしなければならない。助言や提案を聞き入れる準備が、クライアントにはまだできていないかもしれない。そう感じたら、もっと情報を提供させる立場に相手を置き続けるための選択肢がいくつかある。その一つは、会話をこの次の段階に導くことだ――つまり、診断的な問いかけをする段階である。

要するに、クライアントにはあらいざらい打ち明けてもらわねばならない。さもなければ、支援者はどんなことが起きているのか、現実的に意味をつかめないのだ。また、純粋な問いかけは、クライアントが物事を診断的に考え始められるような方向、現実的な行動の観点から見られるような方向に持っていかねばならない。

②診断的な問いかけ

この形式をとる問いかけでは、支援者はクライアントが話そうとしたものと違う話題にわざと焦点を当てることによって、相手の心理プロセスに影響を与え始める。その手の質問は話の内容に影響しないが、話の中にあるいくつかの要素には注目している。道を尋ねられたという簡単な例をあげれば、純粋な問いかけの場合は「どこへ行くつもりですか」となるだろう。これに反して、診断的な問いかけは次のような質問の形をとることになる。「どうしてそこへ行くのですか」。「これまでのところ、そこへ行くためにどうしましたか」。あるいは「ボストンで迷子になるのはどんな気持ちですか」。焦点を当てるという形で影響を与えることにより、支援者が権力やコントロールを主張している点に注目してほしい。これは正当な理由のために、支援者が意識的にそうした役割に移る場合に限られるべきだ。

この再方向づけには四つの変化形が可能である。

感情と反応——これはクライアントが述べた出来事や、認識された問題に対してクライアント自身がどう感じ、どう反応したかに焦点を当てるものだ。

▽「それについてどのように感じました（感じます）か」

▽「それに対してあなたは何か反応しました（反応します）か」

▽「それに対するあなたの感情的な反応はどんなものでした（どんなものです）か」

注目してほしいのは、こうした質問は、さりげなくて協力的なものに思われるが、その場を支配し、クライアントが考えようともしなければ考えたくもないかもしれない内容について思考を強制する点だ。したがって、このような質問は人間関係の平衡を保つのにあまり向かないだけでなく、クライアントの不安をかきたてる可能性がある。クライアントは不快に感じるかもしれないし、まったく反応を示さないかもしれない。どんな気持ちかと尋ねられると、クライアントは望まないところまで追いつめられたように感じる場合もある。

原因と動機——質問して、原因についての仮説を立てれば、クライアントは支援を求めようとする動機に焦点を当てさせられ、話しているうちに、そんな状況になった理由を発見するだろう。

▽「どうやってここまで来たのですか」（道に迷った運転手への質問）
▽「あなたがこの問題を抱えているのは、なぜだと思いますか。どうして今なのでしょう」
▽「なぜ、そんなことをしたのですか」（クライアントが何らかの行動を打ち明けたあとで）
▽「なぜ、あなたはそんなふうに反応したのだと思いますか」（クライアントがある反応を打ち明けたあとで）

こうした質問をされると、どんな状況かについてクライアントは支援者とともに理解させられることになる。このため、ほかの人間や組織の複合的な問題のときには、これは最も重要な質問となる。これについて考えるように命じることによって、支援者はクライアントの立場を強化し、物事を診断するスキルを持たせている。

実行に移した行動、または検討中の行動――この問いかけの形はクライアントに、自分たちや話に登場する人々がしたことや、しようと考えていること、将来に実行しようと計画していることに焦点を当てさせる。もし、クライアントがすでに行動を打ち明けていれば、支援者はそれに基づいて事を進めればいい。だが、クライアント自身や話に出てくるほかの人々によって、過去や現在、あるいは未来の行為が打ち明けられることはまれだ。

▽「どうやってここまで来たのですか」
▽「それに対してあなた（彼、彼女、彼ら）は何をしましたか」
▽「今までのところ、あなたは何をしようとしましたか」
▽「次は何をするつもりですか」
▽「そのとき彼女（彼、彼ら）は何をしましたか」

行動指向的な質問により、クライアントは気づいていなかったか、重要ではないと考えていた、あるいは隠したいと思っていた事柄を考える羽目になる。というのも、クライアントは自分や他人がやったことや、やらなかったことについて気まずい思いをしているかもしれないからだ。そうした質問は、行動のいくつかが妥当だったかもしれないこともほのめかすため、クライアントが何もしなかったときには、罪悪感や恥ずかしさを生むだろう。そういった意味で、このような質問もクライアントの心理プロセスに影響を与えるし、支援者がプロセスの主導権を握る用意があるときにだけ使うべきだ。こうした診断的な段階の質問は、どの状況でも何度も問えるものなので一つずつ調べてもいいし、一度に全部を調べてもかまわない。しかし、支援者が気づかなければならないのは、こういった診断的な質問はどんな形であれ、クライアントの心理作用の方向性を変えるということだ。このような質問をされることにより、クライアントはいくつかの出来事を新たな観点から調べるようになるからである。診断的な視点から見ると、こうした状況は望ましいかもしれない。だが、立場の均衡に関して言えば、破滅的かもしれない。クライアントは主導権を失い、いっそう支援者に依存するようになるからである。

●体系的《システミック》な質問

――普通の場合、クライアントの話にはほかの人が登場する。家族や友人、上司や同僚、そして部下などだ。人間がいれば、さまざまな物語や問題が生まれるのが常である。支援者は、システムの中でほかの仲間がとる反応や行動を、クライアントがどう見ているか知ることが重要だと判断するかもしれない。したがって、家族療法士が体系的《システミック》な質問とか円環的質問法と見なす問いかけをする可能性がある。もし、提示された問題がほかの人間に関わるものなら、クライアントの話をある特定の人間がどう感じ、何を考え、どのように行動するかと尋ねることで、診断的な問いかけの形をとる質問の一つ一つを詳しいものにできるだろう。

たとえば、経営者に会うときに何を着ていったらいいかと配偶者から聞かれたという簡単な例をとれば、支援者はこう言うことができる。「きみが検討している服に、同僚たちはどんな反応をするだろうか」。厄介な部下をどう扱えばいいかという管理職とのカウンセリングの複雑な状況では、支援者はこう尋ねればいい。「もし、あなたがもっと強引になれば、同じグループのほかの人たちはどう反応するでしょうか」

こうした質問をする目的は、クライアント自身の物事の診断力を育て、さまざまな治療行為からどんな結果が生まれるかを、もっとはっきりと考えられるようにすることだ。したがって体系的《システミック》な質問は、提案されたことが効果的か否かを判断する上で、特に提案や助言、処方に適切なものとなるだろう。そこで支援者は、こんなふうに提案をつけ加えることになる。「さて、あなたができることが一つありますよ。それによって、グループ内のほかの人たちとうまくいくと思いますか」。ただこう尋ねる場合よりもいい質問であることに注目しよう。「そういうことをすれば、どんな感じがしますか」

ここにあげた四種類の診断的な質問は、クライアントの心理作用を促し、自己認識を助けてくれる。しかし、あくまでも質問であって、特に何かの解決策をほのめかすわけではない。次の質問のカテゴリーは対決的なものだ。クライアントの現在の問題の実質的な内容に影響するが、本人が思いつきもしなかったような発想を会話に持ち込むからである。

③対決的な問いかけ

対決的な問いかけの本質は、支援者が話のプロセスや内容に関する自分自身の発想を会話に差し挟むことである。詳しく話すようにとクライアントをただ促すのではなく、ここでの支援者はクライアントが思いつかなかったような提案をしたり意見を述べたりする。そうした介入のしかたは専門家や医師の役割を強く帯びるので、有効なコミュニケーションを可能にするだけの信頼や公平さが、充分に関係の中で育ったと支援者が感じた場合に用いるべきだ。しかし、必要以上に時間をかけなくてもいい。思えば、ただちに専門家や医師の役割に移行できた状況が私には多い。いずれの場合も、クライアントとすでに関係を築いていたか、充分に信頼が生まれていると見てとったからだった。

▽「そのせいであなたは腹を立てましたか」（これはクライアントが何らかの重要な出来事を話したことに対して述べるものだ。「そのせいであなたはどう感じましたか」よりも詰問調である点に注目してほしい。クライアントは腹を立てたりしなかったかもしれないからだ）

▽「その件について彼（彼女、彼ら）に立ち向かいましたか」

▽「次のようなことはできませんか」（具体的な提案をあげる）

▽「あなたは（彼が、彼女が、彼らが）不安だからそんなことをしたのだとは思いませんか」（そうした感情の存在に、クライアントが明らかに気づいていない場合に尋ねる）

ここまであげた問いかけは、本人の概念や感情に沿ってクライアントを導くだけだったのに対して、対決的な質問は今やクライアントが対処せねばならない新しい発想や概念、仮説、意見などを取り入れるものだ。これが望ましいものであるか否かは、こうした質問の結果、クライアントが一段低い位置にいることをさらに感じるかどうかという、支援者の評価による。たとえ支援者にもクライアントにも均衡で快適な関係だとしても、こうした介入が持つ力については、いくら強調しても強調しすぎることはない。なぜなら、このような介入のせいで、クライアントは自分が述べた話を捨てて、支援者が提供した枠組みの中で対処することを強制されたり、許容されたりすることになるからだ。こうしたプロセスにおける最大の危険は、クライアントの状況を示す新たな情報を得られなくなることである。というのも、今やクライアントは支援者に紹介された新しい概念に対処するのが精いっぱいで、思考や記憶を語り続ける余裕はないからだ。そこで対決的な質問の問題は、そうした問いかけをするかどうか、するとしたら、いつ、どのようにするかである。これについてはのちほどもっと詳しく述べよう。

④プロセス指向型の問いかけ

クライアントの状況や内容から、その場で起きているクライアントと支援者との相互関係に視点を移すことは、つねに選択肢として存在する。これがどのように言葉に表されるかは、実際の状況によるところが大きい。とはいえ、その目的は、そこには相互関係が働いており、分析できるものだ、という事実をクライアントに意識させることだ。

▽「今の私たちの間にどんなことが起きていると思いますか」
▽「これまでのところ、私たちの会話の流れをどう思いますか」
▽「あなたの問題への対処について満足していますか」
▽「私たちはうまくいっているでしょうか」
▽「私の質問はあなたの助けになっていますか」

プロセス指向型の問いかけは、ほかの種類の問いかけとも結びつけられる。たとえば、「今、何が起きているのですか」という質問は純粋な問いかけでもある。「特にこの方法で、問題を私に話すことにしたのはなぜですか」という質問は、プロセス指向型の問いかけであると同時に、診断的な問いかけでもある。対決的な問いかけであり、プロセス指向型の問いかけでもある質問を例にあげるとこうなる。「あなたはそんな話し方をして私を試したいと思っているようですね」。または「あなたはなぜ、重要な細かい事柄を省略したんでしょうか……」。こうした問いかけに力があるのは、関係そのものに焦点を当てているからだ。それはクライアントが支援者をどう見ているか、どれくらいの信頼が築かれたかを評価する上で、特に重要となるだろう。

どのタイプの問いかけを、いつ使うべきか

私は質問のさまざまなタイプをあげたが、支援者がどの程度クライアントを関わらせたいかによって並べている。極端な例では、支援者は受動的だが思いやりがあり、クライアントに最大限の余地を与える。その対極にある例では、クライアントは自分の過去や現在の行動を調べることを強制される。相手を怒らせたり、支援関係をだめにしたり、その進行を遅らせたりする危険性は、純粋な問いかけから、診断的な問いかけ、さらに対決的な問いかけ、プロセス指向型の問いかけへと移行するにつれて増していく。クライアントの信頼を築き、喜んで影響を受けたいという態度を示してもらうために、支援者は純粋な問いかけから始めるのが最もいいだろう。そして、クライアントがある程度の信頼を抱いたことを言葉や行動で示すようになってから、診断的な質問や対決的な質問に移っていくといい。

純粋な問いかけを始めると、たちまち情報が表面に現れてくる傾向があり、クライアントは一段低い位置から、元の位置に回復する。そうすると、支援者が次に進む段階は、意思を疎通させながら、次の四つのタイプの質問に答えるという役である。

1　クライアントと自分とのコミュニケーション・プロセスについて、私はどう感じているだろうか。無理なくリラックスしているだろうか。クライアントが悩んでいる話を私はわかっているのか。

こうした質問に対する決まった答え方はない。それはクライアントの行動や声の調子、ボディランゲージを注意深く観察したことに基づく感情の問題である。自分が話全体をわかっていないと感じたら、慎重な態度をとり、純粋な問いかけの方法をとり続けるべきだ。

2　どれくらい時間があるだろうか。これは緊急の状態で、充分な情報を得ていなくても必要とされるものを推測すべきではないのか。

もし、時間が問題になるかもしれないと感じたら、私は次のような、プロセス指向型の質問をする。「この問題の解決には時間的な制約がありますか」。あるいは「もう少し話すまで、解決策を考えることを延ばしてもいいですか」

3　クライアントと私の関係はどんなものだろうか。

自分の行動を心得ていて、支援に関する専門的な訓練を受けたとクライアントが推測するような公式の関係の場合、純粋な問いかけの方法をさらに長く用いるだろう。非公式な友人関係や配偶者との関係でなら、私は診断的な質問や対決的な質問、またはプロセス指向型の質問をするというリスクを冒す準備がもっとできている。ある程度の信頼がすでに存在していると推測できるからだ。もし、その関係の性質がはっきりしないか、訓練を受けているにせよ受けていないにせよ、支援者が支援を商売にしているなら、純粋な問いかけが望ましいだろう。ただし、時間的制約や問題の性質のせいで、ただちに行動を起こすよう求められない場合である。

4　現時点で、クライアントが何に目を向けることが最も役立つと、私の診断力は告げているだろうか。信頼できる方法で充分に話してくれたから、診断的な問いかけもいくらか入れて、クライアントに焦点を当てるべきだろうか。対決的な質問をすべきだろうか。行動に対して説明や提案をすべきときだろうか。

ここでの重要な問題は、クライアントが実際に言ったことに基づいて判断できる、充分な自己洞察を支援者が持っていることだ。支援者自身の経験に基づいたに違いない、何らかの直感を頼りにしたわけではない。クライアントの話を少し聞いただけで、それなら経験ずみだし、状況も把握したと推測するのはよくあることだ。そして、クライアントがまだ話してくれない重要な要素を考慮に入れないうちに、何らかの意見や提案をうっかり口にしてしまう。ある発想を持って飛び込んでいっても適切だと冷静に判断した場合は、ほかにも考慮すべき点が二つある――建設的機会主義《オポチュニズム》☆［詳しくは監訳者による用語解説（二九〇頁）を参照］と状況特性だ。

建設的な機会主義――過ちは学ぶ機会になる

純粋な問いかけの働きで、相互関係は流れに身を任せた状態に偏りがちなため、建設的な機会主義によってバランスをとらねばならない。いつ焦点を移行させる機会をつかむかは、クライアントの言ったことが話にとって明らかに重要な意味を持ち、記憶に残るほど鮮明であるかどうかが主な判断基準となる。言い換えると、話の焦点や役割を移行するときは、それがクライアントの言った何かと明確に結びついているべきだということだ。単に、支援者の考えや感情だけに基づくのは望ましくない。特に、純粋な問いかけから、診断的なモード、あるいは対決的なモードにいつ切り替えるかを判断する上で、タイミングは重要だ。そうした移行が初めの数分間で適切になるときもあれば、やり取りの間中、純粋な問いかけに終始すべき場合もある。支援者は耳にしたことやそれに対する自分の本能に応じて、三種類のモードを行ったり来たりする場合が多い。しかし、焦点を変更するタイミングを判断するための簡単な基準というものはない。仮に、純粋な問いかけから移行できそうな、はっきりした情報をクライアントが提供しなければ、プロセス・コンサルタントの役割にとどまるのがおそらく最善の方法だろう。

一方、人間は単なる受動的な質問マシンになることはできない。話を聞く間、支援者は強烈な感情や発想を抱くかもしれないし、それはクライアントに状況を理解させるのにかなり関わってくるかもしれない。移行するタイミングが正しいと感じられたとき、支援者はいくらかリスクを負い、新しい洞察や新しい選択肢、物事を見る新しい方法を提供するための機会を得られるだろう。

次の章では、ジムという男性を例にとり、タイミングに関して、または介入の程度に関して、そのような機会をつかむことが失敗に終わる場合もあると示している。そんな結果になると、クライアントは支援者を拒絶する可能性があり、関係に緊張がもたらされるだろう。そうしたときに支援者が認識すべきなのは、クライアントの反応は支援者が過ちを犯した可能性だけを表しているわけではないことだ。ある種の意見に対して、クライアントがどう対応するかということも明示している。つまり、起こることは何でも、物事を知るための情報源なのだ。

われわれは会話をしていて、何を言うべきか、どう言うべきか、あるいはいつ言うべきか、という点でつねに間違いを犯している。そうした過ちに失望するのではなく、そのおかげで学ぶ機会が得られたし、だから歓迎すべきなのだと認識しなければならない。たとえば、こんな教訓を得られるかもしれないのだ。「ものを言うときはもっと慎重になろう」。あるいは「憶測をしてはいけない――自分の無知に対処しよう」。とはいえ、こうした教訓だけにとどまらず、新しい情報により、状況について何がわかるかをつねに問いかけねばならない。このように、学習は二つの領域で起こる。つまり、誤りに対する反応から、自分自身について、どこを間違えたのかについてのデータをわれわれは手にできる。同様に、クライアントに関するデータ――彼らが物事をどのように考え、何を期待しているか――も得られるのだ。

適切な反応は状況で変わる

支援者にとっての適切な反応というものも、状況によって変化するだろう。したがって、応え方についての決まりを作ることは難しい。人間関係や状況を評価する上で、感覚や感情が関わってくることは避けられない。しかし、支援者は地位を築くことや面目を立てることをつねに意図すべきである。支援者はクライアントが傷つきやすく、敏感な領域を知るようにしなければならない。そして、そうしたものを避けるか、思いやりのある態度で対処すべきだ。

入院中の患者の例をふたたび考えてみよう。支援者がとれる行動の一つは、状況を珍しいものではなく、ありふれたものととらえ、形式ばった客観的な態度で臨むことだ。社会的距離を保ち続ければ、これがある人間の実生活に起きていることではないという幻想を失わずにすむ。たとえ病院用の寝巻きが脱げて、患者の体が見苦しいほどあらわになることがよくあっても、看護師や付き添いは目をそらし、すべてが普通だというようにふるまうのだ。または、患者が人に頼り切る状態だと思うと、看護師はまるで親のような口調でこう言うかもしれない。「別の寝巻きを持ってきましょうね。廊下で体が見えてしまうと困るから」

支援者がとれるもう一つの行動は、クライアントが何かを独力でやるたびにポジティブな励ましを与えることだ。痛みに耐えて足を持ち上げる患者に「よくやった」と声をかければ、それまでの状況で患者がほとんど失い、かなり必要としていた、主導権を握っているという感覚を強めてやれる。どんな状況であれ、支援者が決してとるべきでない行動は、どれほどクライアントの態度が挑発的でも、苛立ちや嫌悪をあらわにすることだ。当然ながら、ポジティブな励ましは状況に応じてふさわしいに違いないが、相手を見くびるようなものは望ましくない。たとえば、リターンキーを押すたびに褒めてくれる、私のパソコン・インストラクターのように。

一つの質問方法から別の質問方法へ移るうちに、支援者は役割がプロセス・コンサルタントから専門家、医師へと変わっていくことに気づくに違いない。診断的な質問や対決的な質問、プロセス指向型の質問は、質問であって、断定や提案ではないとはいえ、支援者がそれまでと異なった役割に変わり、力を発揮していることを意味する。だからそうした転換が行われるのは、関係が対等になったと支援者が見なした場合だけである。これはいかにも個人的な判断であり、支援者が現在のコミュニケーションの状態を心地よく感じ、過ちを許せるような相互の信頼があるという前提に基づいている。診断的な質問や対決的な質問にクライアントが感情を害する可能性はつねにある。ある程度の信頼がなければ、こうした質問のせいで、取り返しがつかないほど関係がダメージを受ける場合もあり得る。

たとえば英国で、タビストック人間関係研究所☆によって行われた、上級管理者のための感受性トレーニングのあるグループで起きた出来事をあげてみよう。典型的なプログラムの中で、講義や大規模のグループ会議のほかに、訓練された進行役に導かれた小規模のグループ会議もあった。小グループでのやり方は、グループ自身のふるまいを学ぶため、構造を最小化するというものだった。たいていは訓練された精神分析医か心理学者であるスタッフが、グループの様子を観察し、ときどき質問や説明の形で介入する。あるグループが進行役の提案を受け入れようとしなかったため、進行役はこう言った。「このグループは私を去勢しようというんだな」。この「心理学的なたわごと」に激怒したあるメンバーは、その後、どんなプログラムにも自分の会社を参加させなくなったのだった。

まとめ

この章で明らかになったのは、活動的だが、控えめな質問のプロセスに取り組むことにより、支援関係における問題をはらんだダイナミクスもいくつか改善できるという点だ。そうしたプロセスとは、次の三つだ。

一　クライアントに主導権を握らせ続け、自分のために問題を能動的に解決する立場を取り戻せるようにすること
二　ある程度まで自分のジレンマを自力で解決できるという自信を与えること
三　クライアントと支援者が協力できるように、なるべく多くのデータを明らかにすること

純粋な問いかけは、話によく耳を傾けることよりも効果的だ。純粋な質問には、誰かが支援を求めたときに関わる社会的なダイナミクスと心理ダイナミクスを理解し、さまざまな種類の質問がクライアントの心理作用に与える影響を知ることが必要である。

四つのレベルの質問は次のように区別されている。

一　純粋な問いかけ——クライアントの話だけに集中するもの

二　診断的な問いかけ――感情や、原因分析、行動の代替案を引き出すもの
三　対決的な問いかけ――現状について支援者自身の見解をもたらすもの
四　プロセス指向型の問いかけ――クライアントに支援者との即座の相互関係に専念させるもの

どのレベルの質問を採用するかという選択は、状況や、クライアントの話の中の出来事による。何より重要なのは、その関係においてクライアントがもはや一段低い位置にいることを感じていないという、支援者の評価だ。クライアントや支援者のために実際にとられる役割は、状況に伴って変化するだろう。しかし、人間関係が均衡するのは、質問のプロセスによって支援者とクライアントが役割を選び出し、互いを受け入れたことを示したあとである。これによって、支援者とクライアントの間には有効な心理学的契約が生まれることになる。その契約は社会的な経済活動と役割とを明確に定義している。最も初期の段階では、純粋な問いかけが必要だろう。というのも、それによってクライアントの期待感が引き出され、支援者は同意や支援の感情を表せるからである。ひとたびクライアントが自ら問題を解決できるようになると、より深いレベルでの診断的な問いかけや対決的な問いかけ、プロセス指向型の問いかけも可能になる。

質問のプロセスをふむ上では、介入するタイミングが重要である。支援者は建設的機会主義

を用いて、クライアントが安心感を覚えるレベルのバランスをとらねばならない。そのプロセスにおいて支援者はいくらかリスクを負い、過ちを犯すことを避けられまい。だが、そうした過ちは支援者や状況、介入に対するクライアントの反応などを知る情報源として歓迎すべきだろう。これがどんな結果になるかについては、次の章で明らかにしよう。

6

「問いかけ」を活用する

この章では、支援のプロセスでの重要な部分として、質問がどのような役割を果たすかというさまざまな例をあげる。どの事例も、あらゆる支援の状況で生じる社会的ダイナミクスをとり上げ、これまで学んだ教訓をはっきりさせるため、並行して分析を行っている。表6―1には、読者が興味に合わせて選び出せる事例を載せてある。

まず、非公式な状況で二人の人間の間にどんなことが起こっているかを詳しく分析できるような、仮定上の事例から始めよう。この例は比較的小さな助けを求めたものだが、支援が求められるあらゆる状況で発展するダイナミクスが現れている。その次の、公式の支援を求める二つの短い事例は、私がコンサルタントとして、あるグループの一員になっていたときのものだ。そこでは、ごくわずかな質問がどれほど大きな衝撃を与えるかを学んだ。そのあとの長い事例は、さまざまな形をとる質問が相互に作用する状態を表している。そこで私は、支援がうまくいかなかった理由を同僚が分析するのを手伝った。最後の二つの事例には、病気のせいで、長期にわたるさまざまな段階での支援を必要とするクライアントへの支援が示されている。

●表6-1　具体例

◎ 事例6-1
くだけた非公式の関係で陥る可能性のある罠について示した、紅茶を一杯ほしいと頼んだ妻を取り上げた軽い分析。

◎ 事例6-2
無邪気な質問が生んだポジティブな効果を示した、グループ会議での支援。[*1]

◎ 事例6-3
質問者の役割にありながら、プロセスに関する専門的知識を与えて、あるグループの会議をあらためさせたという支援。[*2]

◎ 事例6-4
質問のプロセスの複雑さを示した、より優れた支援者を目指す同僚の支援。[*3]

◎ 事例6-5
推測のネガティブな影響を示した、退院という状況における役に立たない支援。

◎ 事例6-6
介護において、役割が柔軟で変化する必要のあることを示した、継続的な人間関係での断続的な支援。

◆事例6―1　妻の頼みごと――日常の支援

ある寒い冬の夜、私は暖炉の前に妻と座ってくつろいでいる。どちらも黙ったままだ。私があえて沈黙しているのは、妻と作った、心地よくて落ち着ける雰囲気を壊したくないからである。もし、妻が身じろぎして、紅茶を入れてくれないかと私に頼んだら、状況は変わり、平衡が保たれていると思われる今の状態が変化してしまう。頼みごとをしたせいで、妻は一時的に一段低い位置に自分を置くことになり、すぐに対処しなければならない支援の状況を作り出したのである。これはあまり重要でない支援を求める例だが、求めたものが助言や慰めであっても、同様のダイナミクスが働くだろう。

これまで出されてきた論理に従うと、私が最初にすべきなのは、本当に求められているものが何か、少し考えてみることだ。控えめな質問をするという行動をとり、プロセス・コンサルタントになるのである。そう言うと、面倒なことに聞こえるが、わずかな時間をとって、妻が心から求めているものが紅茶なのかどうか検討してみるだけの話だ。もしかしたら、それはもっと重要なことを話すための前置きにすぎないのかもしれない。そんな場合に可能な、純粋な問いかけの形をいくつかあげよう。

▽私は問いかけるような表情で妻のほうを向き、五秒から一〇秒間待つ。妻がそれ以上何も語ったりほのめかしたりしなければ、頼まれたとおりのことをする。
▽「何かあるのか」と妻に尋ねる。
▽こんなふうに尋ねてもいい。「どんな紅茶がいいのかな。それとも、もっと強い飲み物がほしいかい？」
▽「喉が渇いているのか」と尋ねることも可能だ。
▽こう言ってもいい。「新しくポットに作るかい。それとも今朝の紅茶を温めようか」

ポイントは、新しい情報が現れるように、会話する余地を作るということだ。もし、何も表面に現れなければ、当然ながら私は紅茶の支度をする。そうすれば妻のほうは「ありがとう」と答えるだろう。会話のループは閉じられ、支援が与えられたことになる。もし、妻がほかのものを求めていて、紅茶を頼んだことはその前置きのつもりだったとわかれば、われわれは新たな道を進むことになるだろう。私の役割は、新しい状況に応じて、専門家や医師の役割に変わるかもしれない。そうした速やかな変化が可能なのは、信頼し合う関係がすでに存在しているからだ。いったん私が注意を払い、支援しようという態度を示せば、妻の言ったことをどう解釈すればいいかがわかるだろう。そして私はプロセス・コンサルタントの役割を果たしてもいいし、ほかの役割を選んでもいい。もし、こうした状況にあるクライアントがよく知らないい相手なら、信頼し合う関係が築かれ始めるまで私はプロセス・コンサルタントの役割にとどまるだろう。

ありそうな問題

注目してほしいのは、いったん紅茶を求められたのにそのまま黙り続ければ、ひと悶着起きるだろうということだ。沈黙していたら、無関心さを伝えるか、支援したくないという気持ちを伝えることになるからである。私が無言の状態を続ければ、妻は私が頼みを拒んでいるか――それはつらいだろう――単に彼女の話を聞いていなかったか、と思わずにいられないだろう。私が目を閉じて眠り込んでいる可能性もある。妻は証拠をすぐさま探して、話が聞こえたくせに答えないのだと結論づけた場合、自分の力でお互いの状況が釣り合うようにしなければならない。

では、妻はどうするのか。身勝手な夫だと見なして、私への評価を下げ、紅茶を諦めるかもしれない。あるいは、むっとして立ち上がり、自分で紅茶を入れるかもしれない。後者の反応をすれば、自分に対する妻の評価は高くなるだろう。彼女は依存し続けずに、適切な行動を起こしたからである。いずれの場合でも、この人間関係はいくらか損なわれる。会話のループは開かれたままだからだ――支援は何も与えられず、支援を与えない理由も語られない。

結局は、クライアントによって状況のバランスは保たれたが、支援者となるはずの人は面目を少しつぶされ、評価が下がるという代償を払ったのである。私は紅茶がほしいという妻の要求を認めず、自分を冷淡な人間か、失礼な人間に見せてしまったのだ。

言うまでもなく、沈黙を続ければ、妻の面目をつぶしかねないと私は気づいただろう。さらに、思いやりがないとか無作法だとかいうところを見せて、何も言わず、何の行動もとらなければ、自分の面目もつぶれるとわかっていた。だから、沈黙を引き延ばすのは適切な介入でないとわかっていたはずだ。とすれば、私はほかにどんな行動をとれただろう。そうした介入をどう解釈できるだろうか。

その晩、私が午後のテニスで疲労困憊して、体が痛かったと仮定してみよう。そして紅茶を入れるために立ち上がりたくなかったとする。人間関係を損なうことなく、また協力的だと思われるためには、どんな選択をすればいいだろうか。どんな介入をすれば、妻の面目も私の面目も立つのか。私はすぐさま支援を与えなくても、大体において協力的な人として、自分の存在を傷つけないようなことを言わねばならない。こんな言い方ができるだろう。「もう少したら紅茶を入れるよ」。そうすれば、やる気があることを示せるし、いくらか時間も稼げる。あるいは、無難な理由を述べてもいい。「あと少し、この足を休めたいんだ」。そうすれば、妻に要求を引っ込める機会を与えることになるかもしれない。なぜなら、今や彼女は新しい情報を得たからである。

重要な点は、私の介入が相手の要求を認め、敬意を払ってそれに対処したものだということだ。私は妻との関係をバランスのとれたものに保ったが、彼女のために会話のループを開いたことになり、それによって、妻は考慮すべき新たな情報を得たのである。もし、妻が沈黙したままなら、私が紅茶を入れないことに対して気分を害した可能性を示しているかもしれない。そうすれば私は緊張し、さらに言い訳したり、提案したりするだろう。もっとありそうなのは、妻が新たな情報を用いて、人間関係を維持する、心地よく釣り合いのとれた状態に戻そうとすることだ。たとえばこんな言い方が考えられる。「かまわないわ。あとで飲みましょう」。「いいわ。紅茶を飲まなくても大丈夫よ」。あるいは「ごめんなさい。あなたの足が痛いと知らなかったの。自分で紅茶を入れるわ」。こうした答えはすべて会話のループを閉じるものであり、以前のくつろぎを取り戻せるだろう。しかし、注目してほしいのは、私が紅茶を入れなかった事実が、妻にも私にもいくらか不快な記憶として残ることだ。支援を求めても、どれもがすぐさまかなえられるわけではないことを認識させたからである。

これほど些細なことを分析する価値があるのはなぜだろうか。支援を求められたことによって引き起こされたプロセスの裏に存在するものは、その対象が一杯の紅茶だろうと、心の健康だろうと、あるいは組織効率だろうとどれも同じだからである。支援を求める者は誰でも、そう頼んだこと自体によって作動する、社会的ダイナミクスを理解しなければならない。介入してくる、支援者となるはずの人が、人間関係にどんな結果をすぐさまもたらすかということを。

先ほどの例で言えば、質問して、プロセス・コンサルテーションの段階になるには五秒も要しないだろう。もし、妻が机から「このEメールを送るのを手伝ってくれないの?」と声をかけてきたら、やはり私は質問モードに入らねばならない。だが、私はやり取りの間中、プロセス・コンサルタントの役割を務めてもいいし、医師の役割になってもいいかもしれない――妻の肩越しに覗いて何をすべきかわかったら、それを実行し、礼を言われて去る、というわけである。最初の介入はどれも同じかもしれない――ある種の質問をするということだ――が、そこからどんな役割が現れるかは、クライアントの答えが表すもの次第だ。

◆事例6－2 「議題はどこから生まれる?」――無知を利用した問いかけ

何年か前、私は新興の会社の重役たちが毎週金曜日の午後に行う会議に出ていたことがあった。私の仕事は、会議がより効率的になるように手を貸すことだった。そこの勤勉な重役たちは、会議に割り当てられた二時間のうちに、一〇以上もある議題の半分も終わらせられなかった。私は無駄な議論や無礼な妨害や、議題にない話題への逸脱を減らそうと、さまざまな介入を試みた。しかし、効果はなかった。重役たちはいつも私に注意を払い、無作法なふるまいを指摘したことに礼を言うのだが、そうした態度が変わることはなかったのだ。

もどかしさを感じる会議を何度も目にしたあとで、こうした長い議題はどこから来るのかと、私は何も知らずに尋ねたことがあった。すると、社長の秘書が議題をまとめるという話だった。しかし、社長がそう言ったとき、彼も残りの重役たちもはたと気づいたのである。秘書がどうやって議題をまとめているのか、誰も知らないということに。部屋に呼ばれた秘書は、議題のまとめ方を打ち明けた。彼女はさまざまな重役から電話で出された意見を、出た順に議題としてまとめる。前の週に残った議題に、新しいものをつけ足すというのだ。私が何か言うまでもなく、重役たちはたちまちそのやり方を変えようと決めた。話し合うべき項目の仮のリストを秘書に作らせ、それを重役たちが優先順位に従って並べる。そしてあまり重要でないものは保留するか、捨ててしまう。会議の質も、進歩しているという感覚も、驚くほど向上した。そのグループに最も役立ったのは、議題がどこから生まれているのかという、私のまったく無邪気な質問だった。私は自分の無知を見事に利用したのである。

◆事例6―3　社外会議という解決方法――対決的な問いかけへ

先ほどのグループはやがて、物事に優先順位をつけるだけでは、問題が多すぎることも、仕事が終わらないことへの焦りも解決しないと気づいた。何人かがこう指摘した。プロセスに優先順位をつけているうちにわかった事実だが、議題には二種類のもの――即座に注意を払わねばならない議題と、長期にわたる政策や戦略のように、もっと時間をかけてより深く議論しなければならない議題がある、と。いつも緊急の議題が優先して話し合われ、会議の時間はすべてそれに注がれたため、重要な政策や戦略に割く時間はなかった。ある重役は、毎週の初めに緊急の項目を話し合うことにして、隔週の金曜日に重要な政策や戦略に取り組めばいいと提案した。言い換えれば、いつも同じことをしていた彼らが、二種類の会議を行うようになるわけである。

この提案を聞いて、私の中の医師のような性質が刺激された。会議のテクニックなら私のほうが心得ているし、彼らが四苦八苦していることがわかったからである。私は対決的な質問に変えた。「そうした政策や戦略といった厄介な問題に取り組むだけの時間やエネルギーが、金曜の午後にあると思いますか」。この質問の一部は無知に基づいていたが、一部は単なる言葉上のものだった。というのも、このグループを観察してきたことに基づき、金曜の午後に彼らがそんなエネルギーを備えているはずはないと、私は明らかにほのめかしていたからである。まる二時間、もしくは三時間をかければ、どうにかなると考えている重役もいたが。

社長の会議室に集まっても、重役たちは自分の仕事にまだ心を奪われていて、政策や戦略の問題に集中したり、創造的になったりすることができないと私は気づいていた。数カ月にわたるさまざまな介入を下敷きにして、彼らから信頼されていることも感じていたため、私はさらにこんな探りを入れた。「オフィスを離れて、邪魔の入らないところで政策や戦略についての会議を開いたら、いっそう効果があがると思いますか」

これにはたちまち同意の声があがり、毎月、社外で会議を行うという新しい考えについてさらに議論が（それ以上、私が何も言わなくても）進んだ。私は対決的な質問を通じて、グループが時間や空間をどう管理するかの視野を広げたのである。とはいえ、社外会議という特殊な会議で解決したのは、彼らにほかならない。その後の数カ月、または数年にわたって、社外会議という伝統そのものが同社のさまざまな部門や支社で進化していったが、そうした会議が始まった理由は誰も思い出せなかった。グループは支援を受けたが、それがどんな方法だったかは覚えていなかったのだ。

◆事例6－4　コンサルティングが失敗した理由――別の人が行う支援へのアドバイス

私はジムという名の同僚から、最近のコンサルティングが四つとも失敗した理由を探る手助けをしてほしいと頼まれたことがあった。ジムの任務は、企業の情報管理を経営者に助言することだ。クライアントたちは特殊なサービスを提供する専門家としてジムを採用したのだった。ジムとの会話は、これまでの出来事を話してもらうことと、純粋な問いかけで私が答えを得ることから始まった。一五分も話すと、ジムが医師と患者というモデルを用いてクライアントを操作していることが明らかになった。彼は慎重に診断を下し、健全な提案をしてきたと感じていた。だから自分の処方がたちまちはねつけられる理由が理解できないのだった。

こうしたことを話すうちにも、ジムはさまざまな反応を見せていたから、彼がどんな気持ちかと尋ねる必要もなかった。ジムは挫折感と無力感を味わい、どうすべきかわからないのだった。私はこの時点で、質問のプロセスを省略して、自分の反応を伝えたいという誘惑に強く駆られた。ジムのアプローチのせいで、クライアントは防御的な態度を示すのかもしれないという私の仮説を示したくてたまらなかったのだ。ジムはクライアントである経営陣の状況を診断し、かなり批判的な報告書を作成していた。経営陣はいくつかの階層で形成されている場合が多かった。部下の前で上司を批判することの意味に、ジムは気づいていなかったのである。しかし、ジムに真正面から批判的な意見を述べれば、彼の行動とまさに同じことを自分がする羽目になると私は悟った――つまり、面と向かって批判するということだ。こうしたフィードバックをすると、一段低い位置に自分がいるというジムの感情を強め、私に対して防御の姿勢をとらせる危険があるだろう。

そこで私は衝動を抑え、代わりに診断的な質問をした。「こうした提案があまりよく受け入れられなかった理由として、あなたはどんな理論を持っているんですか」。実際には、「どうしてこんなことになったと思いますか」と聞いたのと同じだが、一般的な出来事に焦点を当てて、私とともに状況を彼に診断させようとしたのだ。たちまちジムはあり得そうな答えを見つけ出した。クライアントは自分について否定的なことを聞きたくなかったのだろう、弁解がましい態度になったのももっともだ、と。しかし、相手がこうした防御的な態度をとることになったのは、何をどのように報告するかに関するジムの決断のせいだという可能性には思い至らなかった。とはいえ、ジムがそう分析したおかげで、彼がどこを見落としたかについての情報がさらに入手できた。そしてジムは、何が起こったかを理解し始めたのだ。

「なぜ」という質問は強力な介入である。というのも、それによってクライアントはごく当然と思っていた事柄に目を向けさせられ、そうしたものを新たな視点から調べることになる場合が多いからだ。理由に関する主題を注意深く選べば、支援者はまったく異なった洞察へと通じる、まったく異なった心理プロセスを生じさせることができる。重要なのは、どの面に焦点を当てるかである。

▽クライアントがそうした行動をとったのはなぜか
▽話に登場するほかの人物がそうした行動をとったのはなぜか
▽話に出てきた出来事がクライアントやほかの人たちにどんな影響を与えたのか

最も確実なのは、ジムにクライアントの反応を診断的に考えさせることだ、と私は思った。具体的にはCEOが不快そうだった理由を考えさせることである。

否定的な反応をされた理由を推測していく中で、ジムは特に苦痛を覚えたある会議について話した。その会議でジムが経営陣への提案をしたところ、CEOからまともに反撃されたという。会議のまっただ中で、同社の企業風土は情報に関する長期的な目標と一致していない、というジムの指摘を、極論だとCEOは非難したのだ。CEOは企業風土についてのコメントをジムに求めても意味がないと主張した。企業風土なら自分がよくわかっている、この会社の創設者の一人なのだから、と。これに対して、ジムは本当に申し訳ないと言い、みんなの前でCEOに謝罪した。だが、驚いたことに、経営陣の中にはジムに加勢した者もいて、企業風土に関する彼の徹底的な調査と報告は正当なものだし、むしろ歓迎するとさえ言ったという。

この時点で、私は行動指向的な質問を用いて、ジムがとったさまざまな行動についてもっと調べようと決めた。こうした質問をすることでさらに診断が行われるだけでなく、クライアントの心理プロセスや、どんな行動なら選択可能かということもいっそう明らかになるのだ。CEOがそんな行動をとったのはなぜですか、と私はジムに尋ねた。意外にも、ジムはCEOの態度を理解できなかった。そこで私は話し方を変えて、あなたが謝らなければならないと感じたのはなぜでしょう、と尋ねた。どんな行動が悪かったのか、と。実際のところ、それは私の仮説をテストしていたのである。ジムは最初に提案の草案をひそかにCEOに渡し、企業風土への批判に対して彼がどう反応するか判断すべきだった、というものだ。ジムは説明として、過ちを犯したことからくる罪悪感をただ繰り返した。それを聞いて、私はいっそう対決的な介入を試すことにした。ジムにずばりと尋ねたのだ。「なぜ、最初に自分の分析をCEOに伝えなかったのですか」と。

こう質問したことで、状況や、起こったかもしれないことに関して、私が初めて自分の考えを明らかにした点に注目してほしい。こうした質問により、クライアントは出来事の中のほかの要素についても考えざるを得なくなるので、当然対決的なものと見なされる。このような対決的な質問を、「企業風土のデータについて、内密にCEOに会って話し合おうと考えましたか」というふうに表現することもできる。クライアントの注意をそらさないため、複数の選択肢を提供するような質問にもできる。たとえばこんなものだ。「まずは報告書の草案を持って、CEOか、グループのところへ行ってもよかったのではありませんか」

無知について考えないという危険は、私の問いに対するジムの答えに現れた。彼は勢い込んでこう答えたのだ。「もちろん、こっそりとCEOのところへ行って、草案を渡しましたよ。だが、私のやり方がまずかったたか、彼にうまく考えを伝えられなかったに違いありません」。実を言えば、ジムを動揺させたのは、二人だけで会ったときには何も言わなかったCEOが、公の場では否定的な反応を示したことだった。

この時点で、私は自分の質問の形が単なる言葉上のものだったことを悟った。私はジムがCEOのところへ行くべきだったと本気で言ったが、彼が行かなかっただろうと推測していた。これは間違いだった。というのも、それをやったかどうかと尋ねるだけでよかったのに、私はジムが何もしなかったと決めつけてしまったからだ。ジムの答えで、私の失敗は明らかになった。彼は弁解がましくなり、またしても自分の落ち度を認めたからである。しかし、重要なデータが新たにいくつか表面化し、次に取り組むべき課題を提起してくれた。人に質問する場合はもっと慎重になろうと私は決心し、自分が間違いを犯した理由を思い返した。つまり、時間的制約や、短気、そして傲慢さのせいだった。同時に、この件での出来事や、完璧な仕事ができないと自分を責めてしまうジムの性質についてさらに多くがわかった。また、ジムはなぜ、この重要な出来事を話の中で省略したのかと私は考えた。このことから、何が重要で、何が重要でないかという彼の心理についてどんなことがわかるかと思いを巡らせた。ジムは自分を責める傾向にあることから、もっと対決的な介入をしたほうが本当に役立つだろうと思われた。

ひそかにCEOと会ったものの、公の場では非難されたことをジムが報告したあと、私は新しい仮説を述べた。問題は、経営陣の前で企業風土を批判されたため、CEOが恥ずかしかったせいかもしれない、と。そういう事情だったかもしれないと答えたが、ジムは経営陣の意見がこのプロジェクトに関して一致していると思っていた（ジムはCEOと残りの経営陣との間の立場や権力の違いについて鈍感らしかった）。ジムはさらに力を込めてこう言った。聞き手がどんな人たちで構成されていようと、コンサルタントとして、自分は面談中に発見したことをできるだけ明確かつ正しく報告する義務があるのだ、と。ジムはプロの専門家であると意識するあまり、クライアントに何が起きているかを察知できなくなっていたらしい。

ここまでの教訓は、誤りは起きるものだが、そこから学ぶものがあるということだ。さらに、内容に関する誤りは、タイミングや表現《プレゼンテーション》の誤りとは明確に区別されねばならない。

CEOに絡んだ何かがあると私が感じたのは正しかったかもしれないが、その考えを表す時機も方法も間違えた。いくつもの意見を提案する代わりに、仮説を一つだけあげたことによって、必要以上に対立的な状況を作ってしまったのである。

立場が対等になったことを感じる

先に述べたような会話が進むにつれて、ジムはより安心して、何が起きていただろうかと私とともに推測できるようになっていった。CEOとの特別な一件については弁解がましい態度だったものの、ジムは過去の出来事について視野を広げ始めた。これはわれわれの関係が対等なものになり始めたというサインだった。つまり、ジムはあまり依存心や無力感を覚えなくなったわけだ。おかげで真正面からぶつかってもよくなった。

ひとたび関係が安定したものになったと支援者が感じると、クライアントが身構えることもなく、会話はより深い内容のものへと発展する。今やクライアントは積極的に物事を学ぼうとし、意見が提供されることを歓迎しているからだ。「安定した」といっても、両者が文字どおり対等だということを意味するわけではない。それは支援者とクライアントとの間の暗黙の契約、つまり、依存の程度やコンサルタントの役割、そして互いの期待がすべて受け入れられているとクライアントが感じる程度を意味している。どちらの側も自分が与え、受け取るものに満足している。そして互いの間のコミュニケーションが間違いのないものだと思っているのだ。

　こうした状態になったというサインは微妙である。クライアントはより積極的に自分の話を診断し始める。声の調子が変わり、話の内容はさらにはっきりしたものになる。自分を責めたり、他人のせいにしたりすることは少なくなり、客観的な分析が増えてくる。クライアントと支援者が協力して、何が悪いのか、何が原因だったのかを考えるうちにチームワークの感覚が生まれ始める。私と話しているうちに、ジムはあまり不安そうな口調でなくなり、自分の四人のクライアントに何が起こっていたかをより客観的に探り始めた。これによって今度は私が、より対決的な姿勢をとる自信が持てるようになったのである。

　ジムの話にあったパターンから、彼が優れた専門家・医師・診断医として行動し、そうした役割の中でどうしたら最善を尽くせるかに専念するあまり、プロセスの問題にはさほど敏感でなくなっていたと、私はますます確信を強めた。自分で定義したこうした専門家の役割を果たす準備がジムにできているのか、私は試してみることにした。そこで、ただの質問以上の問いかけをして、直接的で対決的なフィードバックをいくらか提供したのである。コンサルティングの役割に関して、私があげているさまざまなタイプをジムが正しく区別しているとわかっていたので、単刀直入に尋ねることができた。

　私はこう言った。「あなたが拒絶された、こうした四つの事例の中で、実のところ、あなたは患者を診断し、処方薬を与える医師の役を演じたようですが、むしろプロセス・コンサルタントの役割が求められる状況だったのではありませんか。何を誰に報告するかというプロセスの問題を、一人かそれ以上の内部関係者と相談しなかったのはなぜでしょう。CEOと相談してもよかったのではありませんか。何を報告するか、誰に報告するかという、あらゆる決定をあなたが一人で行わねばならないと、なぜ思ったのでしょう。しかも、内容を文書にまとめて公式なプレゼンテーションをしなければならないと感じたのはなぜでしょうか」

こうした長ったらしい意見を述べ始めるうちに、私は苛立ちを覚えていることにも気がついた。なぜなら、ジムはプロセス・コンサルテーションを充分に知っているくせに、その知識を活用していないと感じたからだ。そこで私はこうつけ加えた。「コンサルタントはなぜ、あらゆるプロセスの決定を自分だけでやらねばならないと感じ続けるのでしょう。クライアントの組織内の関係者とともに決断を下そうとしないのは、なぜでしょうか。前進していく上で問題が生じたとき、すべてのプロセスに関する決断を自分だけで下さなければならないと思わず、その問題を分かち合うべきですよ」。こうしたことを言ったのは、ジムと話す時間がなくなりつつあり、その場での本音の一つとして、話が終わる前に私の見解を理解させたかったからである。

こうした感情の爆発に対してジムは前向きに反応し、自分が医師のように行動するのはなぜかという疑問について、すぐさま考えを巡らせた。結局のところ、ジムは診断を行うことに対して報酬をもらっていたため、自分の専門知識を用いていい仕事をしたいと願っていたのだ。

しかし、どのように報告するか、誰に報告するか、そしてどういう形で報告するかは、組織の中で信頼できる者と話しておくべきだったという重要な洞察もジムは得たのである。今やジムは、社内で組織に満足感を与える専門家でいること（1）と、受け入れられ、役に立つと見なされるようなフィードバックを与えること（2）、との区別ができるようになった。こうした洞察はほかにあった三件の例にもすぐさま適用された。なぜならジムは、完璧な内容の報告書を巧みに作成したが、クライアントのシステムの文化的な、または政治的なプロセスにそれがどう当てはまるかといったことにまったく注意を払わなかったとわかったからである。

われわれはこの問題について一時間ほど話すと、どちらにとっても新たな洞察がもたらされたと互いに感じつつ別れた。しかしながら、私は相変わらず戸惑い、苛立ちを覚えていた。ジムはプロセス・コンサルテーションを非常によく理解していたにもかかわらず、医師の役割に完全にはまり込み、自力でそのことがわからず、そこから抜け出そうともしなかったからだ。支援は与えたが、私は気持ちの整理がつかなかったのである。

◆事例６－５　退院コーディネーターの思い込み——役に立たない支援

近ごろ、私の妻は入院していた。簡単な外科手術をしたところ、感染症を引き起こし、病院で九日間にわたって抗生物質の静脈内投与を行わなければならなかったからだ。ただでさえ、妻は癌の治療で弱っていたから、感染症のせいでさらに衰弱した。家に帰れる体力が回復したとき、彼女は抗生物質の静脈内投与をまだ必要としていた。そこで退院コーディネーターは、病院にある予約不要の外来で毎日それを受けるようにと言った。娘や私には、妻が病院へ行って待合室でいつまでともわからずに待ち、ほかの患者からの新たな感染を避けられるほどは回復していないと思われた。妻は化学療法を受けていたから、全身の免疫システムが弱っていたのだ。

退院コーディネーターは抗生物質の注入について説明し、あなたたちは病院の近くに住んでいてよかったと語った。しかし、別の機会に聞いたのだが、この病院には訪問看護のシステムがあり、注射もしてくれるはずだった。この選択肢について尋ねたところ、コーディネーターは間髪を入れずにこう答えた。「あら、それはとても高額なんですよ。そんなものはご利用したくないでしょう」。どれほど高額かと尋ねると、コーディネーターは正確には知らないと認め、調べてみましょうと言った。こうしてわれわれは見捨てられたような気になっただけでなく、おおいに苛立ちを覚えた。この問題が妻の健康と安心感ではなく、費用という不適切な尺度で決められようとしていたからだ。

コーディネーターが見落としていたのは、さらに感染症を患って安心感を失うことのほうが、この時点では金銭よりも重大な問題だということだった。戻ってきたコーディネーターはいささか熱意を込めて言った。実を言えば、病院は二、三日、訪問看護サービスを提供できますし、費用もそれほど高くありません、と。それでもやはり、彼女は費用の点からこの問題を話し続けた。薬そのものや、必要とされる静脈注射用装置、看護師にかかる費用など、ありとあらゆる金銭的な事柄をあげてみせた。家で注射を受けられるとわかったときに妻がどれほどほっとした表情になったか、コーディネーターはまったく気づかなかったのだ。

何がまずかったかといえば、コーディネーターの思い込みである。われわれの意思決定のプロセスは費用によって決められるため、訪問看護の選択肢についてなど知らせる必要もないと彼女は考えたのだ。彼女が高額だと信じ込んでいる余分な費用を、相手が払いたがるはずはないと推測したからである。結局、訪問看護サービスを無事に利用できることになった。だが、われわれはまわりくどい方法に不満を感じた。コーディネーターの退院手続きのやり方や、妻が健康や安心感を必要としていることに彼女が最初は無関心だった点に腹を立てたのだ。

◆事例6－6　妻の介護――継続的な関係に起こりがちな失敗

支援について最もありがちな失敗のいくつかは、支援の提供も受け入れも人間関係の一部として当然のことと見なされる、継続的な関係の中で起こる。これは誰かが病気になったというように、状況が一時的に変わった場合に顕著である。感染症を患ったあと、私の妻は自宅で静脈注射を受けられるように手配してもらえたが、二日後には別の感染症にかかり、またさらに八日間、病院で過ごさなければならなくなった。二度目の入院からようやく帰宅した妻は、感染症やその前に受けていた化学療法のせいでひどく衰弱していただけでなく、体力を取り戻すためには、入院一日分につき少なくとも二日間は休養しなければならないと警告された。そこで、私はいつも以上の介護の役割を最低一カ月は担うことになった。この期間は私にとって、支援関係というものがどれほどもろいかを知る機会となった。また、片方の人間が多かれ少なかれ、慢性的に支援を必要とするとき、満足がいく、うまく釣り合いのとれた人間関係を維持するのがどれほど難しいかもわかった。

私につねに求められた役割の一つは、体を使った支援がいつでもできるようにしておくことだった。妻は基本的に、ほぼ一日中寝ていたからだ。寝室は二階にあったため、私が定期的に果たす義務には、階下のキッチンから何かをとってくることが入っていた。妻は部外者が手伝いに来ることをきっぱりと断った。私のほうは、自分にとって運動はいいことだとはっきりと告げて、かなりの時間、喜んで階段を上り下りした。この役割の最も困難だった点は、何かを階下からとってきてもらう必要が生じるたびに、自分が一段低い位置にいると妻に感じさせないためにはどうするか、だった。退院してきたばかりのころ、妻は不安になることも多く、そばにいてくれと私に頼んだ。そのため、家庭内でやるべき雑用をする時間が限られてしまったのである。

妻をあまり落ち込ませないで助ける一つの方法は、頼まれるのを待つのではなく、何かないかと、こちらから頻繁に促すことだった。どっちみち階下へ行くなら、キッチンからとってきてほしいものがないかと私は尋ねることができる。もし、私が新聞を読んでいたなら、妻が休んでいる寝室にそれを差し出せばいい。手を貸したいという気持ちを私があらかじめ示せば、頼みごとをすることで妻が屈辱感を味わう必要もない。要するに、一般的にこう言っていいだろう。一段低い位置にクライアントが慢性的にいるなら、支援者はイニシアティブをとって支援を申し出るべきであり、絶えず頼みごとを必要とするせいで、クライアントがあまり自尊心を失うことがないようにしなければならない、と。支援者は体力的に勝っているおかげで、実質的には場を支配しているわけだが、互いの利益のために、そうした権力の使い方には慎重になるべきである。

　相手への依存の問題と関係するのは、あれこれと頼まなければならないせいでクライアントが罪悪感を抱くことだ。支援の行為に、自分の勝手でやるのだという理由づけをすることで、支援者はこの罪悪感を減らしてやれる。私は階下へ行かねばならなくなるたび、これは自分にとっていい運動なのだということを妻に思い出させ続けた。もし、その台詞に信憑性がなくなれば、こんなふうに言った。「何か飲みたくなって今度下へ行かなければならなくなったら、きみにも水を一杯持ってこよう」。妻が体力をつけていくうち、私の申し出に「いえ、結構よ」と言われる場合が多くなっていった。自分でできることが多くなり始めると、妻の顔には安堵の色が浮かぶようになった。さらに自信がつくと、必要なときは支援を求めても、妻が前よりも穏やかな気分でいることは明らかだった。

ありそうな問題——望まれない支援

この状況で悪くなりそうなことは何か。あるとき、訪問看護師が薬を投与するために我が家へやってきて、妻に体調を尋ねたことがあった。私は妻のお腹の調子が悪いことを知っていたが、彼女はそれを看護師に告げなかった。そこで、私は口を挟み、病状のリストにそのことをつけ加えてもらった。たちまち妻が緊張するのがわかった。

あとになって、私が代わりに話したせいで、妻が激怒していることを知った。私が妻を否定し、彼女が自分では感じなかったかのように病状を説明したことは、まったく支援と言えないと思っていたのだった。私はいわば資格を持っていない医師となったのである。さらに妻は、担当医のところへ行った別の状況でも二度、こうした行動をとったことを思い出させた。妻からすれば不適切で不正確な情報をつけ足したのだ。あとで私は自分の介入が支援と言えなかっただけでなく、医師との関係において妻をさらに低い位置に置くことになったと悟った。医師に知らせたいことについて自分で伝える方法を学ぶことに、彼女が大きな関心を持っており、また私が情報をつけ加えたせいで、医師と妻との関係は実質的に壊れてしまったのだと気づいた。今後は医師のもとへ行っても口をつぐんでいようと私は決心したが、すべてを打ち明けたいという欲求は、妻が何を言うつもりか、あらかじめ詳しく述べてもらうことで満足させられた。医師にどんなことを話すのかい、と妻に尋ねれば、私の無知を取り去れるわけだ。私には重要だと思われる何かを妻が省こうとしたら、二人きりのときにその点を持ち出し、この情報を医師に伝えるべきかどうか、伝えるならどのようにするかを話し合えばいい。

この状況で私がより優れた支援者になれたのは、妻の視点からすれば私の介入がまったくためにならなかったというフィードバックが返ったからだ。過剰な支援の被害を受けたり、支援者に口を出されすぎたり、不適切なときに介入されたりしたら、そうした影響に何らかのサインを送るのはクライアントなのだと、覚えておくことが有益だろう。支援者は自分の支援がもう必要なくなるのはいつか、助言してもらう必要がある。そしてクライアントが何も言わなかったり、怒って立ち去るだけだったりしたら、たいしたことは達成できない。

ありそうな問題――コントロールを諦めること

継続的な支援で最も大変なのは、たいていの場合には適切な専門家の役割や医師の役割を諦めることだ。私の妻は体調がよくなるにつれて、自力で何かしたいという欲求を募らせた。いっそう自己主張が強くなると、妻は私だけの特権だった家事に加わり始めた。そのため、私は自分が作り上げて満足していたやり方をいくつかやめなければならなくなった。私は買い物の大半を引き受け、料理や食事の準備をしていた。キッチンでは物事が滞りなく運んだ。料理に関してはちょっとした権威になり、自分の好みのペースも身につけていたのだった。体調が回復すると、妻はいっそう料理に関わるようになったし、非常に早く支度する場合もあった。というのも妻は疲れていたので、休めるように、食事をすませてしまいたかったからだ。妻が回復する力になりたいとは思っていたが、もっとゆっくり料理する習慣を諦めるのが、私にはかなり難しかった。ずっと役に立ちたいなら、何かを諦めねばならないことは極めて明白だった。私は妻の欲求にもう一度注目しなければならなかった。そして、あまり頼りたくないという彼女の欲求を知り、それに適応することになったのである。

前よりも家事をするようになると、妻は書類に記入したり、パソコンに取り組んだりといった活動も自らするようになった。そして、私はじれったい思いと絶えず戦わねばならなかった。以前の方法、つまり私が質問を読んで妻が答えるといったやり方か、私がパソコンの前に座って文字を入力したり調べ物を行ったりするほうが、もっと早くできるとわかっていたのだ。さらに、ただ黙って待ち、妻がやり遂げるのを見守る見物人の役割に就くことも耐えられなかった。二人でパソコンを共有していたからなおさらだった。私は支援者から見物人へと早変わりしたり、妻のために急に何かを手に入れるとか、何かをしてあげることを頼まれた場合はまた支援者に戻ったりすることを学ばねばならなかった。

何よりも厄介だったのは、訂正されることだっただろう。自信やエネルギーが高まるにつれて、妻は私がすべきだと思うことをますます指摘するようになった。私がかなり上達した、日常的な手助けをしている最中に指摘するのだ。それが食事の準備であろうと、運転のしかたであろうと、あるいはどのブランドのツナ缶を買うかということ（二人とも好きだと思ったブランドのツナ缶を選んだものの、妻が選んだのはいつも別のブランドの商品だったことを忘れていた）であろうと、私の自尊心が脅かされていては、支援しようという態度を保つのは難しい。

ここに述べた状況をすべて考えると、ありそうな問題を避けるには次の二つのプロセスをとるのが最善だろう。

一　破滅的な罠に落ちないように、私の内面で起きていることが認識できるかどうか自問する。

二　妻からもっと情報を引き出すために、控えめな質問をする。どうしてそんなものを持ち出したのかとか、それが彼女にとってどれほど重要なのかとか。

先に述べたそれぞれの状況で、ひとたび妻の行動の理由がわかれば、私はリラックスして、役に立つプロセス・コンサルテーションのモードに戻れるだろう。妻が自分の食事の用意をするのをそのままにしておいていい。というのも、彼女は自分の求めるものがどれくらいか知っているからだ。病院で何日も過ごしたあとだから、妻がまだとても興奮しやすい状態にあるとわかると、私は運転のスピードを抑えられた。違うブランドのツナ缶にしようと提案もできた（妻にとってブランドが重要ではないとわかったため、元のツナ缶に戻るのを避けたのだ）。妻がゆっくり時間をかけてアンケート用紙に記入する間、私は「数独」のパズルに取り組んだ。そして私がさらに学んで態度を変えれば、われわれは心地よい、支援者とクライアントの関係を維持できただろう。必要に応じて、専門家からプロセス・コンサルタントの役割へと切り替えながら。

まとめ

この章では、どの支援関係においても、社会的経済学や適切な役割を管理するための質問をするという役割を理解することがどれほど重要かについて、具体例をあげて示した。慢性的な支援が必要な例では、自問すること（破滅的な罠に落ちるのを避けるため）と、必要に応じて役割を変えることを学ぶのが特に重要である。

7

チームワークの本質とは？

チームワークとチーム・ビルディングは、組織のパフォーマンスにとってますます重要なものと見なされるようになっている。それはビジネスや運動競技の場合でも、家族の場合でも、あるいは作業を調整している二人の労働者の場合であっても当てはまる。チーム・ビルディングに関する著作は、組織開発に関するほかの面を扱ったものよりも多い。とはいえ、チームワークというものの本質についてはまだ明確になっていないのが実情だ。

一つはっきりしているのは、組織の全メンバーが、そのグループが達成しようとすることに関連した何らかの役割を果たさねばならない点である。人生という劇場でのさまざまな場面で、自分の役割を見つけることの複雑さをここまで述べてきたが、これは何かを共同で行おうとしているグループに所属した場合に特に当てはまる。人から何を期待されているかを学ぶことは、他人が抱いている欲求や必要性を学ぶことよりもはるかに難しい。

チームのパフォーマンスを持続させるには、ほかのメンバーが自分の役割をずっと果たし続けていくという信頼が必要なのは明らかである。あるメンバーが急に姿を現さなくなったり、役目を果たさなくなったりしてチームを見捨てることほど、そのチームに打撃を与えるものはない。また、社会的経済学も関与している。グループの一員として、あなたは自分の与えるものが、何かを得るという形で公正に埋め合わせされていると感じなければならないのだ。メンバー全員が同じ地位にあるわけではないが、どのメンバーも、自分が貢献したものと釣り合いがとれた地位に就かねばならない。

　こうした観点からすると、成果をあげるチームとは、各メンバーが自分の役割を適切に果たすことによって、ほかのメンバーを助けているチームだと定義できるだろう。そうすれば、業績を達成するプレッシャーが大きいときでさえも、相互の信頼関係が確かなため、メンバーは公正さを感じられる。つまり、チームワークの本質とは、すべてのメンバーにおける相互の支援を発達させ、持続させるということだ。

　ここで二つの事例が浮かんでくる。プロのアメリカン・フットボール界では、たとえば一〇〇ヤード以上もボールを持って走るといった、いい試合ができた選手は、要となったラインマンを食事に連れ出すものだと言われている。そして、ラインマンがブロックしてくれなければ、そんなに走れなかったことを認めていると伝えるのだ。別の例をあげよう。新しい低侵襲性の心臓外科手術［低侵襲性の手術とは、内視鏡手術や血管内手術を代表とする、従来よりも侵襲（体に対する負担）の少ない手術のこと］を行う外科チームでは、外科医も麻酔医も、ほかのメンバーも絶えず互いにコミュニケーションをとって、それぞれを信頼することが必要である。

　エイミー・エドモンドソン[*1]はそうした外科チームを一六チーム研究し、七チームは成果をあげ、その手術方法をとり続けているが、あとの九チームは安心感を育てられずに、その手術方法を断念したことを発見した。違いはどこにあったのだろうか。成功したチームは、支援が必要であると初めから認識し、チームのほかのメンバーと合同トレーニングを行うことに同意した外科医たちによって始められたものだった。このため、チームのメンバーは自分の役割を最後まで果たし、公平な人間関係を育てることができた。

ここで重要なのは、支援が本当に必要だと外科医が認識し、それを口に出して認めることである。そうすれば、ほかのメンバーはより高い地位に引き上げられ、その結果、一連の進行にもっと貢献しようという意欲を高められる。ある外科医はこんなふうに言った。「外科医が指示者でなくて、パートナーになれるという能力は重要だ。たとえば、チームの誰かの提案に基づいて、方法を変えねばならない場合があるものだ……外科医がほかのメンバーを統括していることに変わりはないが、そこにはかなりの違いがある」

成功しなかったチームは、自分を主役と見なす外科医たちによって始められたものだった。そうした外科医はチームのほかのメンバーを、単に仕事をする「スキルを備えた補助スタッフ」として扱った。こういった外科医は合同トレーニングに加わらず、結果として、より高い地位を保ち続けた。合同トレーニングを行わなければ、手術を行う前に必要な、相互の役割関係の理解に割く時間がない。

ここで大事な教訓は、グループの中でより高い地位にある人間が、他人の言葉に積極的に耳を傾けることによって謙虚な姿勢を見せるチームは、ほとんどの場合、うまくいくという点だ。傾聴は、よい結果を出すには他者が重要だという認識を伝え、皆がグループの中で公正・公平だと感じられるアイデンティティや役割を育む心理的空間をつくりだす。先にも述べたように、統括する人間がいることには変わりないが、グループ内に機会があれば、メンバーは、任務を遂行し個人的な欲求も満たせる自分の得意分野を見つけられるだろう。地位や階級が同等になることはないが、チームメイトたちはそれぞれの役割に釣り合った適切な地位に満足するはずだ。

成果をあげるチームワークの作り方

私は「チームワーク」という言葉を、一緒に働かねばならないグループの全メンバーを含めた、相互の多様な支援関係の状態と定義している。したがってチーム・ビルディングとは、単にクライアントと支援者の一つの関係を作ることではなく、メンバー全員における人間関係を作ることなのである。敏感なチームリーダーなら、どんな新しいグループでも、新たなメンバー全員が、メンバー同士や、形式的権限のある人との関係を作り上げねばならないことに気づいている。こうした関係を築くためには時間をかけ、資源を提供することが必要だ。メンバーたちが互いに支援し合う状態になるより早く、リーダーは彼らが四つの基本的な精神面での問題に対処できるよう手助けしなければならない。こうした問題は、グループにおけるメンバーたちのアイデンティが確立され、彼らが自分の役割に馴染むようになる前から解決されるべきである。どんな支援の状況でも、初めのうち、リーダーはプロセス・コンサルタントとして機能しなければならない。そしてメンバーが次の問題について安心感が得られるような状況を作り出すべきである。

一　私はどんな人間になればいいのか。このグループでの私の役割は何か。
二　このグループで、私はどれくらいのコントロール、あるいは影響を及ぼすことになるか。
三　このグループで、私は自分の目標、あるいは要求を果たすことができるか。
四　このグループで、人々はどれくらい親しくなるだろうか。

最初の質問は、多様な人生の状況において、誰もがさまざまなものになる能力があることを反映している。われわれには新たな状況に入っていったときに引き出せる、役割のレパートリーがある。そうした状況では、迅速に選択すべきことがいくつかあるため、自分の役割が何かわかるまで多少の緊張や不安を感じることになる。その点において、成功したグループの外科医たちは、チームのメンバーの相互依存性を高めるような役割を作り出した。そしてチームの合同トレーニングを通じて、どのメンバーもプロセスにとって欠かせないことを伝えたのである。そうした外科医は、必要とされる具体的なスキルと、チームの中で働く能力、つまり身勝手ではなく、人の役に立とうとする性質に基づいてメンバーを選び出した。成功しなかったグループの外科医たちは、自分が不可欠の存在であることを強調する役割を演じた。そのため、チームのほかの者たちは、取り換えがきく存在である、単なる使用人となってしまったのだ。チームのメンバーは、関連した専門分野から無作為に選ばれ、チームの一員として機能するかどうかといった能力については考慮されなかった。

これを一般論として考えると、ほかのメンバーよりも低い地位で終わる結果になったとしても、取り換え可能な資源としてではなく、貢献している欠かせない人間として各自が扱われれば、地位が高められるということだ。

二番目の質問は、人間としてある程度の影響を及ぼしたいというわれわれの願いに焦点を当てている。もっとも、グループの誰もが同程度にそう思っているとは限らない。したがってチームを築く上では、メンバーが成り行きを見られるように、いくらか時間をとることが重要である。そしてどれくらいの影響力を持ちたいかを話し合い、それをほかのメンバーの欲求に照らして調整する。メンバーたちは各自が異なったスキルを持ち、グループのパフォーマンスに対して、人以上に厳しい目を持つ者もいることがわかるようになるだろう。とにかく、その結果、誰もがある程度の影響力を備えていると知るはずだ。こういう状態は、成功した外科医チームが合同トレーニングを行っている間に明らかになった。

成功しなかったチームでは、採用された支援者たちにとって、不可欠の存在は外科医だけであり、自分たちは必要に応じて行動するためだけにいることが明らかになったに違いない。自分はあまり重要な存在でないと感じたはずだし、その結果、自らの仕事を完璧に行おうという責任感は減っただろう。さらに、合同トレーニングがなかったので、外科医がどんな支援を必要とし、求めていたかをメンバーは知らなかったかもしれない。

三番目の質問は、グループにそもそも自分が入った理由と関係している。われわれの欲求や目標は何なのか。そのグループに関するすべてがわかれば、そうしたものはかなえられるのか。成功した外科医のグループは、チームのメンバーを集める前にこの問題を検討したことが明らかである。もし、チームのメンバーになることに候補者が心からの関心を示さなければ——自分の欲求や目標がこうした外科手術のプロセスと一致しないという理由で——初めから、一員になるようにと招かれることはない。

対照的に、ほかの外科医のグループでは任意に支援者を選んだ。低い地位にいることになるため、そもそもこうしたチームに所属したくはないが、断る勇気がなかったというメンバーを集めたのである。つまり、これから支援者を採用する場合には、採用された人の欲求や目標を見つけ出すための調査期間をある程度とることが重要だ。

最後に、四番目の質問は、グループのメンバーがどれくらい個人的に、また感情的に関わるかという点に関連している。それは単に仕事をするだけの問題だろうか。それとも、個人的な目標や情報を分かち合うことによって打ち解け、ほかのメンバーと私的なつき合いをいろいろとすることを意味しているのか。人は誰でも自分の役割に限界を持っている。新しいグループに入る場合は、そのグループの要求が過剰だろうか、あるいは不充分かといったことを検討し、自分の役割の限界を試さねばならない。これを達成するためには、またしても訓練やチーム・ビルディングのための期間がある程度必要になる。そうすれば、本当に合わないとわかった場合、グループが行動を起こさなければならなくなる前に、逃れることができるのである。

メンバーが知り合い始める、グループのごく初期の段階では、先にあげたような質問の答えは人々が示す反応を通じて得られるようになる。メンバーはある程度の自己顕示を試みて、自分が主張する価値をほかのメンバーがどれくらい認めてくれるか、その結果どれほど支持されるかをテストする。アイデンティティが評価されることによって、相互に受け入れ合う関係が通用するようになる。われわれの役割は、どれほどのものを与えねばならないか、メンバーシップから何を得たいと思っているかによって決まってくる。というのも、メンバーはそれぞれ異なった欲求やスキルを持っているし、影響力や地位が変わってくるかもしれないからだ。目標は互いを受け入れることであり、それはグループのパフォーマンスを持続する上で欠かせない信頼を育てるために重要なものである。互いを受け入れているからといって、互いに好意を持っているとは限らない。成果をあげるチームは、愛の集会である必要はないのだ。とはいえ、メンバーは互いを充分に知っていなければならない。グループの任務を達成する中で自分の役割を果たすことを、ほかのメンバーが信頼できるぐらいには知り合っておくべきである。

チームを育てるリーダーが心得ておかねばならないのは、ここにあげた四つの質問に満足な答えを得られるまで、メンバーはうわの空となり、不安を感じるため、実行されるべき本来の任務に心から没頭できないということだ。重要で複雑な仕事の場合、それに全身全霊で打ち込めるくらいの安心感をメンバー全員が得られるまで、グループに充分な時間を与えることが欠かせない。成果をあげるチームなら、自分がどうあるべきか、どれほどの影響力を持っているか、自分の要求がかなえられるか、あるいはグループの雰囲気がどうか、といったことに心を奪われているメンバーを、大目に見るはずはない。

リーダーはこうした質問を自力で解決するための時間をメンバーに与えねばならない。そこで、グループは食事やスポーツといった、軽い活動から始めることが多い。こうした活動をともに行えば、チームとしての行動を起こす前に、メンバーが互いに顔見知りになることができる。公式に役割を割り当てたところでうまくいかない。なぜなら、メンバーは先にあげた質問にまだ気をとられており、他人が自分にどんな反応を示すかについて充分な情報を持っていないからである。これは不成功に終わった外科チームの例で示されている。そうした事例の外科医の中には、チームのメンバーは専門家だから、自分の仕事をこなせるに決まっていると誤解した者もいた。信頼を築き、支援関係を作り上げる必要があることを無視したのだ。実のところ、相互に受け入れるというプロセスには、相互に探り合う期間が必要なのである。そうした接触から、信頼や支援といった態度が生まれてくるのだ。

このようなテスト期間は、任務を遂行する初期の試行段階でも継続するべきである。そして訓練と練習の期間が終わったあとは、成果を通じて再検討してみよう。初期段階でのパフォーマンスを、グループが見直すことが重要な理由は二つある。

一　パフォーマンスそのものを分析し、何がうまくいき、何を向上させる必要があるかを知るため

二　さらに役割を検証し、話し合える《ネゴシエート》ようにするため

したがって、再検討のプロセスでは、グループ内の形式的な地位を最低限に抑えることが重要だ。そうすれば、どのメンバーも、何であれ、自分が経験したかもしれない役割の曖昧さや不公平さについて述べられるだろう。「事後検討会《アフター・アクション・レビュー》」と呼ばれるものを軍隊が行うとき、戦闘においての出来事やそれが起こった原因について、下士官兵も将官も同等に意見を述べる資格があるといった雰囲気を作ろうとしている。同様に、手術の再検討を行う場合、技術者、看護師、あるいは外科医長といった全員が、手術に関して同等の発言権を持っていると感じられなければならない。さまざまな役割という、異なった視点から見た意見であっても。地位を越えて率直に話せるということの能力は、手術そのものにおいて重要になるため、再検討の中で

訓練する必要がある。

効果的なチームのパフォーマンスという目標に向かって、進捗状況を見直すためのこうしたコミュニケーションは、厳密にはフィードバックと呼ばれる。フィードバックを与えたり受け取ったりすることとは、支援関係において不可欠のやり取りと見なされ、特にグループにおいては欠かせない。これについては、この章でのちほどもっと詳しく述べたい。

要するに成果をあげるチームとは、自分の役割を心得て、その役割を果たすことが快いと感じるメンバーがいるチームだといえる。メンバーが快さを感じるのは、パフォーマンスという形で貢献することと、公式・非公式な報酬という形で見返りを受けることが同等だからである。その意味で、メンバーたちは互いに、またチーム全体として支援し合う。誰もがクライアントであり、誰もが支援者である。そして関係をともに築くことにより、みなが専門家や医師として、または職務の達成を求める者として、もしくはプロセス・コンサルタントとして行動できる。もし、思いがけない事態が起これば、何らかの調査をしたり、即興で行動したりすることが求められるのだ。チームがうまく機能しているときは、メンバーによって貢献度の大小はあるかもしれないが、誰もが自分の役割を果たしている。全員が自らの役割を理解して納得していれば、グループはあまり貢献していないメンバーを支えることもできる。チームをだめにするのは、初めから各自の役割が不明瞭だったり、見解の一致した役割からメンバーが逸脱したりすることだ。姿を現さない、求められたことをやらないといった逸脱があると、支援は充分に行われない。逆に、不要な提案をしたり、無用の行動をとったりして、他人の領域に侵入する人がいる場合は、支援が過剰の状態になってしまう。

たとえば、私と妻が協力してディナー・パーティを開いたときのことだ。われわれはどちらも自分の役割を心得ていたが、私がそこから逸脱して鍋をかきまわしたため、妻はレシピどおりに料理を作るのがより大変になってしまった。私の行動が役に立たなかったという適切なフィードバックを妻がしたので、私はおせっかいをやめた。すると、われわれのチームワークはふたたび軌道に乗ったのだ。とはいえ、同意に達した役割から逸脱することが、創造的な支援になる場合もある。料理が焦げつきそうだったため、鍋がかかっていたコンロの火を消すといった場合だ。その場合は、助けてくれたことに対して妻も私に礼を言ったのだった。

不確実性を把握する

チームにおける支援を定義づけるものは、実行する実際の課題と、メンバーが相互に依存する度合いである。アメリカン・フットボールのチームを例にとると、誰もが具体的な役割を担っている。たとえば、相手をブロックする、走る、パスされたボールを受け取れるようにフリーになる、といったように。しかし、ホッケーやサッカー、バスケットボールのようにもっと互いが作用し合うスポーツでは、そうした役割がどう果たされるかは、ほかの選手の行動によって変わってくるだろう。となると、本当の意味で役に立つのは、そこに不確実性がどれくらいあるかを把握していることだ。チームのメンバーは自分の仕事をどうこなすかを心得ているだけでなく、不測の事態への対処法も知らなければならない。予想外の偶発事件にとりわけ創造性を発揮した人は、「あれは本当に助けになった」と評価される。

つまり、通常の支援は当然のものと見なされるが、創造力に富んだ対応をすれば特別なものと見なされ、認められずにはおかないということだ。予想外の事態というものはつねにあるから、チームは試験段階や学習過程においてだけでなく、実際の行動を起こすたびにそのパフォーマンスについて検討し、分析することが重要になるだろう。成功した外科チームの一人がこう言っている。[*2]「手術を行うたびに、われわれはこうすればもっとうまくできた、とか、こんなところが変えられただろう、といった報告を受けた。そして、それを次の手術に反映させたのだ」。そうした再検討を行う場合、チームのメンバーの態度は三通りに分析されるはずだ。すなわち、決まった手順で仕事が行われた場合はうまくできるというもの、不測の事態が起きた場合は自発的に対応するというもの、役立たずだと判明したもの、である。メンバーたちは互いの仕事ぶりをどう感じたかについてフィードバックを行うことができる。

事後検討会では、これまで以上に目的を見据えた支援を求める声があがるだろう。チームのメンバーは、仕事をさまざまな面で向上させるための支援を求めるかもしれない。または、ほかのメンバーのパフォーマンスを向上させようとして、支援を申し出る場合もある。こうした相互関係の中でこそ、均衡という支援のダイナミクスや、役割の明確さが意味を持つのだ。外科医の行動を観察した結果に基づき、もっとうまく手術する方法に関して看護師が医師にコーチングしたりすれば、どれほど複雑な状況になるか、容易に想像できるだろう。たとえ、外科医が支援を求めたとしても、そうした要求に応える初期の段階において、看護師は慎重なプロセス・コンサルタントであらねばならない。それぞれのメンバーの面目を保つという、文化として要求されることは依然として当てはまるのだ。

チームの活動中、支援が要求されている事実を早急に、しかも自発的に判断しなければならない場合はよくある。声に出して助けを求めたり、支援を申し出たりする余裕がないことはしじゅう起こる。クォーターバックを守っているラインマンが、こちらに向かってくる敵を発見し、ブロックされていないと気づいたら、助けがいるかと尋ねたりせずにすぐさま反応するだけだろう。手術室の看護師が、切開術の最中に問題が発生していることに気づいたら、外科医に尋ねたりせずに正しい器具を手渡すだろう。成果をあげるチームにおけるそうしたハイレベルの協調は、長期にわたる訓練がなければ現れてこない。相互の信頼も同じようにして育つものであり、相当の時間をセラピーにかけて初めて、セラピストと患者との間にそうした信頼が築かれる。しかし、注目してほしいことがある。そのようにより信頼し合う関係においてすら、敬意と品行のルールを守らなかったり、支援の要求や提供が公正さや妥当性という点で不適切だったりしたら、たちまち外科医が看護師を怒らせるとか、逆に看護師が外科医を怒らせる結果になるということだ。

仕事によって相互支援の重要度は異なる

あるグループがどれくらい互いに助け合うチームになるかは、グループのメンバーが相互に依存する実際の仕事量による。相互依存が同時に起こる場合、支援は最も重要である。木を切るために長い鋸を二人で引いている人々は、互いに助け合わなければ木を切り倒せない。棺を担いでいる六人の中に、一人か二人くらい、あまり役に立たない者がいても問題はないだろう。販売戦略を決定している委員会は、メンバーの大半が役に立たなくてもうまくやっていける。外科チームではこうした相互依存の度合いが高いため、助け合う方法を学ぶことは必要である。バスケットボールやサッカー、ホッケーといったチームで行うスポーツでは、メンバーが互いに助け合う程度と成績とが直接的に関連する。チームワークは、パスのスキルと、最終得点へと互いを駆りたてる意欲次第である場合が多い。アメリカンフットボール競技場での次のような劇的な例を思い浮かべてほしい。

クォーターバックが敵に追われている。ダウンフィールド（敵陣）のレシーバーはクォーターバックが自由になれるような動きをとり、最後の瞬間にパスを受けて、サック［ディフェンスのプレーヤーが、パスを投げようとするクォーターバックをタックルすること］を避ける。つまり、相互依存が同時に起こる状況で高いパフォーマンスを発揮するには、一人ひとりのスキルの蓄積だけが大事なのではなく、チームの各メンバーが互いに支援することをどれくらい学ぶかも重要なのだ。チームリーダーやコーチはそうした学習を強化することができる。

生産ラインのように、相互依存の関係が順次起こっていくところでは、それぞれのつながりにおける支援が不可欠だ。これはリレー競走の例を見るとよくわかる。バトンを渡す人間は、バトンが渡されるまで、次の走者があまり早くスタートを切らないことを理解している。そして次の走者は、自分の手にバトンがしっかりと渡されることを理解しているのだ。どれほど走者がすばらしくても、バトンが渡されなければ、失敗に終わる。小規模のチームでは、支援が不充分な場合には正すことができる。というのも、全体の状況がよく見えるからだ。しかし、仕事がさまざまな単位に分割されてしまう場合は、支援が不充分でも、問題を探し当てるのが難しくなる。たとえば、工場の組立ラインや、一つの要求が承認されるまで多くの段階を経なければならないオフィス環境などがそうだ。ラインの末端にいる顧客や品質検査人が、ある物の品質が悪いとか、サービスが提供されるまで長くかかりすぎると気づいたとしても、それについて何ら手を打てないかもしれない。鎖全体のどこに弱い輪があるのか、容易に見つけられないからだ。

相互依存が希薄になるにつれて、相互の支援の重要性も薄れてくる。個人でセールスのノルマを達成しているセールスマンは、実のところ、互いに助け合わないおかげで報酬をもらっているのだ。しかし、大口の顧客の場合、同じ会社の複数のセールスマンと取引していることがわかったといった事態はよくあり、互いの支援を強化する、ある程度の相互依存が作られる結果になるだろう。また、個人で活動している俳優が互いに助け合えば、みんなの利益になることを発見する場合もよくある。たとえば、有名なシカゴの即興コメディ劇団「セカンド・シティ」では、二人の俳優が即興劇を行うが、俳優Aが台詞を述べているところへ、俳優Bがジョークの落ちをつけて続いていき、笑いをとるといった原則に基づいている。問題は、相互に支援し合うことの重要度が、そのグループが行っている仕事の性質次第だということだ。どんな仕事でも相互の支援が求められるわけではないので、あらゆるグループがチームになる必要もない。

フィードバックという支援

定義によれば、フィードバックとは、現在の進行状況が目標に向かっているか、外れているかということを示して、人がゴールに到達できるよう助けるための情報である。もし、目標から外れていれば、そうしたフィードバックは自動的に修正措置を開始させてくれる。あなたが設定した温度に対して、室内が暑すぎたり寒すぎたりした場合、温度自動調節器が暖房を作動させたり、冷房を作動させたりするのと同じように。軌道を外れない方法についてクライアントが尋ねるとき、支援プロセスにとってフィードバックは不可欠のものだ。この意味で、人は実行するつもりのものを確実にするために、人生で毎日、フィードバックを求めたり利用したりしている。

しかし、われわれが求めている情報は、とりわけ支援を明確に求めている場合はそうだが、自分の目標と関連する場合にしか役に立たない。支援者はクライアントが目指している目標が何かを、はっきりと知らねばならない。そのため、フィードバックを申し出る前に、控えめな質問をすべきである。

グループの場合、有益なフィードバックを得ることが特に必要だ。それがなければ、グループは的外れの行動を修正できないし、目標を達成するためのもっと効果的な方法を学ぶこともできないからである。進歩を確認する、進歩を再検討する、有益なフィードバックを与える、メンバー同士の会話を始める――こうしたものはどれもチームワークを築き、持続させるための支援プロセスに欠かせないものだ。

チームのメンバーは互いの顔をつぶしたり、相手を辱めたりすることなく、自分自身やほかのメンバーの作業成果を分析し、批評する方法を覚えなければならない。となると、部下はマイナスになるかもしれないことを上司に言う方法を学ぶべきだし、上司は不都合な真実を告げても、部下を不当に扱うことにはならない方法を学ぶべきだ。同様に、そうした方法をとるには前向きなフィードバックを与えたり、受け入れたりする能力が求められる。

こうしたコミュニケーションを安全に生まれさせるには、「オフライン」として定義される、時間や空間が必要である。それによってグループは、体面という基準を棚上げにし、通常は脅迫的と取られかねないことを言える雰囲気を作り出せるようになる。前に例としてあげたが、日本の管理職が上司と酒を飲みながら言いたいことを言うのは、この方法の一つである。西欧の状況ではもっと典型的な例として、プロセス・レビューという会合があげられる。そこでは、地位や階級の規範を最小限にするとリーダーが宣言し、その結果、かなりくだけた調子で話し合いが行われる。

組織としてのグループでコンサルタントを務めたり、学習体験を考案している仲間の大学教師たちと働いたりする中で、私はプロセス・レビューを提案することが多い。プロセス・レビューでは、チームのメンバーは正規の階級や地位をほとんど気にせず、率直に話し、建設的なフィードバックを得る。このような状況がひとりでに生まれてくるわけではない。相手の顔をつぶすことなく、役に立つフィードバックを互いに与える方法を学ばねばならないのだ。では、どのようにしたらいいのだろう。

まず、フィードバックを有益なものとするため、支援関係に不可欠だとして本書で定義された、相互関係のいくつかの基本ルールに従わねばならない。腹を立てた同僚が別の同僚に「私にフィードバックをさせろ！」と怒鳴るのは、支援などでないことが明らかである。管理職が年に一度の査定と年棒の話し合いの一部として、部下に「これはきみが取り組まねばならない弱点だ。そしてこれが今年、きみを昇給させられない理由だ……」と話しても、おそらく有益ではないだろう。どんな点が悪いのだろうか。

一般的にフィードバックは、求められたものでない場合は有益と言えない。ここまでの章で指摘したように、支援者は支援を与えるに先立って、クライアントが解決しようとしている問題は何かを突きとめなければならない。同僚や上司、友人や配偶者が一方的に助言やフィードバックを与えようと決めてしまうと、その意図を誤解される可能性があるだけでなく、相手は感情を害したり、侮辱されたと感じたりするだろう。私は業績評価の場で、こうした例を何度となく見てきた。上司が「きみは会議でもっと自己主張すべきだよ」といったことを言っても、部下は上司が本当のところ何を告げているのかまったくわからない。そこで、第二の原則が生まれてくる。フィードバックは求められる必要があるだけでなく、具体的で明確なものであるべきだということだ。

業績評価システムの大半は、自発性や野心、コミュニケーション・スキル、社交術、分析技術といった、抽象的な内容を扱っている。これは具体的な行動の例とはとても言えない。能力を定義しようという最近の努力も、あまりにも抽象的すぎるという問題に悩まされている。有益なフィードバックにするつもりなら、行動を再検討する中で行わねばならない。それは具体的な言動の評価や分析が可能なグループでは行われてきたことだ。外科チームが再検討を行う中で、外科医がこう言ったとする。「看護師にはもっと自発的な行動をとってほしい」。そう聞いても、看護師はどういう意味かわからないかもしれない。だが、こうした指摘なら、意味がはっきりするだろう。「私が○○に苦労していると気づいたら、△△を渡してもらえると助かる」。看護師が外科医に「もっとコミュニケーションをとってほしいんです」と言うよりも、さらに建設的なフィードバックをするなら、こうなるだろう。「○○のときに、私に△△をしてほしいのでしたら、そうおっしゃってくれませんか」。どちらの側も覚えていられるような具体的な出来事に言及すれば、少なくとも意味のある学習をするチャンスは生まれる。だが、心に留めてほしいのは、そもそも口に出され、手厳しいというよりは建設的に聞こえるそうした言葉について、敬意と品行という規範の再定義がどれほど重要かということである。

こうした二つの原則を結びつけると、効果的なフィードバックが得られる可能性はさらに高くなるだろう。もし、プロセス・レビューでリーダーがフィードバックを求めようと、自分たちのパフォーマンスについての質問をメンバーに募れば、看護師はこんなふうに尋ねるかもしれない。「私が器具を渡すやり方にご満足いただけましたか」。または「仕事がもっと楽になるように、私ができることは何かありましたか」。こうしたフィードバックの求めにイニシアティブを与えることで、メンバーがさらに耳を傾ける可能性が増える。というのも、それは彼らが支援したいことと関連しているからだ。その状況が、チームの目標のための支援関係へと明確に変わるのである。

外科医も看護師も、手術をもっと成功率が高くて効果的で、時機にかなって安全な、あるいは何であれ、彼らの意見が合ったものにするという共通の目標を分かち合える。そうすれば、分析や疑問、フィードバックは共通した状況に適合したものになるだろう。たとえば、スピードが共通の目標でないなら、外科医が「それをもっと速くやるべきだった」と言っても、無意味である。

最後に、四番目の原則だが、フィードバックは評価的なものより、説明的なもののほうが機能するということだ。

「あの会議でジョンに挑発されたとき、あなたはもっと攻撃的になるべきでした」という言葉は、判断を下していることになる。もっと有益な言い方はこうなるだろう。「あの会議でジョンがあなたを挑発していることに私が気づいたとき、あなたは沈黙してしまいましたね……」。そうすればクライアントには、暗示された内容を説明するか、受け入れる道が開かれるわけだ。また、これはフィードバックを与えた人間の見たものを「説明」しているにすぎず、ほかの人の見方はそれに一致するかもしれないし、一致しないかもしれない。だが相手がなすべきだった行為について判断を下せば、支援者は専門家の役割か医師の役割を演じることになる。説明的な意見を言えば、支援者は好奇心のあるプロセス・コンサルタントの役割にとどまり、それによってクライアント側は詳細に語ったり、説明したりできる。

ここまでのところを要約すると、チームのメンバーが支援者になる方法を学ぶには、互いが率直にコミュニケーションできるよう、社会規範が一時的に保留された状況が求められるということだ。そうしたフィードバックは次のような条件で、最良の状態で働くだろう。強要されるのではなく、自ら求めたもので、具体的かつ明確であり、共通の目標に適合していて、評価的なものというよりは説明的なものである場合、ということだ。こうしたコミュニケーションを互いに行うチームのメンバーは、相互に支援し合う関係を育み、仕事に伴うプレッシャーがあっても、チームは円滑に機能するだろう。

ここではフィードバックの分析に必要なものをチームワークとの関連で見てきたが、同様の原則は友人同士や、配偶者との間、または公式な支援者とクライアントとの関係という一対一の状況にも当てはまる。うまくいかない支援の会話というものを思い浮かべるとき、自分が言ったことは求められていないし、あまりにも一般的で断定的すぎて、他人が達成しようとしている目標よりも自己の目標に結びついている場合がほとんどだ。

◆事例7-1　癌治療の現場で目にしたもの——チームにおける支援

地元の病院の腫瘍科で一週間にわたって癌治療を受けた妻に同行した際、私はチーム環境における支援のさまざまな要素を観察した。一時間の治療中に妻に付き添っている間、患者とスタッフの間で有益な支援がさまざまな方法でやり取りされる様子を見守った。スタッフは秘書一名、静脈内注射の準備をする腫瘍科の看護師三名、特殊な薬の手配をする薬剤師一名、看護助手二名、そして車椅子に乗った患者を運ぶといった雑務を引き受けるヘルパー一名だった。腫瘍科・血液科には三名の医師がおり、癌治療の間、短時間ながらそれぞれの担当患者たちを訪れていた。たいていは一度に一二人ほどの患者が治療を受け、科内の別々の治療室にいる。

何年も前、私の妻は血液検査やCTスキャン、レントゲン検査、理学的検査に基づき、病状についてかかりつけの癌専門医に相談した。その癌専門医は自分の提案をする前に、私たち家族のライフスタイルや旅行計画、さまざまな形のセラピーに対する態度などについてつねに山ほどの質問をした。彼の指摘によれば、乳癌には治療が必要だが、可能な選択肢は数多くあるし、どう治療を進めるかについて妻はいくつか選ぶことができるというのだ。そうしたやり取りは妻に価値と地位を与え、その結果、彼女は自信を深め、医師への信頼を強めたのだった。

選択肢を与えてクライアントを巻き込むことは、支援を求めるという、一段低い《ワン・ダウン》位置にいる気持ちを間違いなく改善させる、基本的な方法である。私が気づいたところによれば、医師だけでなく、どの看護師も技術者も必要な情報を集めるためにさまざまな形で質問し、可能なときはいつでも患者に選択肢を与えていた。血液を採取する担当者でさえ、始める前に「今日はどちらの腕にしますか」とか「気分はいかがですか」と尋ねていたものだ。

治療の日には、血液が病院の研究室に送られて分析される。というのも、測定値が正常な範囲内にないと治療が進められないからである。その間、担当看護師がやってきて妻に気分はどうだったか、どんな副作用が見られたか、それについてはどうするかと、先週の治療に関する話をする。さまざまな方法でいろいろな看護師がこうして話しかけてくるが、最も役に立つやり方は、自由に答えられる質問をすることだった。「どんな調子ですか」といった質問をして、注意深く答えに耳を傾けるのである。副作用についてははっきりと伝えることが難しい場合が多いため、看護師は時間をかけて調べるまで、正確な情報を引き出そうとしなかった。最も役に立たなかった看護師は、副作用について憶測し、起こってもいないことについて助言する人だった。たとえば、私の妻は副作用に想定される症状の一つである吐き気を覚えたことはないのだが、そうした看護師たちはいつも治療直後に、吐き気を抑える薬についての説明を長々とするのだ。

待っている間、スタッフ間の多岐に渡る調整や協力を観察できた。秘書が患者のスケジュールについて行う相談、どの患者をどの看護師が担当しているかといった質問、さまざまな事柄を調べるためにパソコンの画面にたびたび向かうこと、正しい薬を出すようにという薬剤師への指示、具合はどうかという患者への質問、そして「どれくらい時間がかかりますか」といった患者からの質問。治療の時間が昼食時に食い込めば、スタッフは病院のメニューを見るように提案し、注文するにはどう電話したらいいか示して、患者にさらに選択肢を与えてくれる。

印象的だったのは、気遣いと敬意を感じさせる、互いを尊重して協力し、献身するという雰囲気だった。実のところ、患者は医師や看護師に全面的に依存しているわけだが、患者が選択し、主導権をとれる機会を与えるためにあらゆる努力が払われていた。そのため、患者は自分に価値があるという気持ちを強められた。いくらか選択肢がある病院のメニューから、昼食に何を食べるかを妻と私が選べることさえ有益だと思ったものだ。確かに、科には医師や看護師、技術者、ヘルパーの間の地位や権力を明確にする階層があったが、各自の業務に関する互いへの敬意は間違いなく存在していた。それは全員のコミュニケーションのとり方や態度からわかった。何らかの命令が下されるのを耳にすることはまれだった。その代わりに、心地よい協力関係のくだけた雰囲気があり、多くの質問がされて、答えに耳を傾けられ、場を和ませるためのちょっとしたユーモアが見受けられた。互いを信頼し、助け合うことは通常の日常業務として当然のものと見なされていた。全員を結びつけていたのは、癌治療を可能なかぎり安全で快適なものにしようという共通の課題だったのだ。

離れた場所から支援するための二つの命題

面と向かってのコミュニケーションなしで、信頼は育つだろうか。離れたところにいる見知らぬ人に、電子メールを用いて支援することはできるだろうか。さまざまな電話相談が存在し、距離のあるところから見知らぬ人が行うことが可能な支援もあると知られている。さらに、支援しようという努力が失敗することも多いと判明しているのだ。そこで、こうした分析の中で提案されるアプローチは二つの命題をもたらす。一つ目は、早いうちにチームが役割の関係と互いの地位という問題を解決すれば、距離があっても支援は間違いなく成功するということだ。先に述べたようなチーム・ビルディングのプロセスで信頼が築かれれば、メンバーは通信機器を介した互いの貢献をどう解釈すればよいかを知り、またそれにどんな意味があるかを尋ねる能力が身につくだろう。助けたいという欲求は、質問しようという意欲と、質問に答えようという意欲によって伝わるはずだ、尋ねられる質問の種類やそれが与える衝撃は、直接会った場合と同じくらい、電話や電子メールによる場合でも関連性がある。時期尚早のうちに専門家や医師の役割を果たすと、やはり有害だし、さらに、言われたことに対してすぐにフィードバックを与える方法がなければ、役に立たない。そうしたわけで、早めに人間関係が築かれていれば、支援できる可能性が存在するのは明らかである。

もし、そのチーム間で互いに面識がまったくなければ、第二の命題が持ち出されなければならない。つまり、相互に受け入れ合うという規範は、言葉だけを基にして作られなければならないということだ。もし、電話による接触であれば、当然ながら声の調子、タイミング、そして感情が周波数の高低の中で伝えられる。電子メールによる接触なら、人間関係は書かれた言葉だけで築かれることになる。私の経験だが、ここで最も重要なのは、助けになってあげたいという欲求を相手に起こさせるか起こさせないかという点だ。これは書かれたメッセージの長さや調子を通じて伝えられるだろう。たとえば、私は個人的に知らない学生や同僚たちから、支援を求めるEメールを数多く受け取る。そうしたリクエストがあまりにも一般的で消極的な場合もある。「組織文化に関するあなたの著書を読みました。私の組織で文化を研究するにはどうしたらいいでしょうか」とか「私は大学生で、文化を研究したいと思っています。手を貸していただけませんか」といったものだ。面と向かって依存されるときと同じ問題が、こうしたリクエストにも当てはまる。私は役に立ってあげたいという気になれないため、短い答えを返して、何か本を読むようにと勧めるだけにしている。

一方、そうしたリクエストがより具体的で、メッセージを送ってきた人の主体性がもっと反映されている場合はどうか。たとえば「私は大学生で、卒業プロジェクトの一部として、あなたの著書を読みました。そして私の学生クラブで、あなたの提唱する一〇のステップというものを使いたいと思っています……何か助言をお願いできませんか」といったものだ。私はいつの間にか質問モードになり、こんな返事を書くだろう。「あなたのプロジェクトの目的についてもう少し詳しく教えてください。また、あなたが文化を研究している理由も教えていただきたい」。こうしたケースでは、数多くやり取りされたEメールが、この生徒を私が助けるのにとても役立ったことが判明した。尋ねられたことにただ答えるだけで、さらに質問をしなければ、助けにならない場合が多い。新たな質問が返ってくるという事実から、私の答えが理解されなかったのだとわかるのである。

厳しい時間的制約がないかぎり、見知らぬ者同士によるネットワークが、適切な質問をすることによって支援関係を築けることは明らかになっている。こうしたネットワークの最も劇的な例は、一九六〇年代にディジタル・イクイップメント・コーポレーションによって生み出された「エンジニアリング・ネット」だろう。エンジニアは世界中に存在するが、その大半は互いを知らない。だが、彼らはたとえば「〇〇のような問題がある人はいますか。何か意見はありませんか」といったように、一般的な依頼をネットワーク上でやり取りできる規範を作り出した。何らかの考えや経験が存在する世界中のどこからでも、役に立つ反応が返ってくる。ネットワークを構成するのが全世界の何百人もの人々であり、そのうちで互いを知っている者がごくわずかだという事実は、有益な組織として機能する妨げにならなかったのだ。

まとめ

効果的なチームワークや協調、協力というものはどれも、一貫性のある、効果的な相互の「支援」として理解するべきである。それらを支援のプロセスと考えることにより、必要とされるものを明確に定義できる——すなわち、全員の欲求やスキルを確認するため、互いが容易に質問できるように親しくなるという、初期段階のくだけたプロセスがそうだ。そのプロセスによって、相対的な地位を築く、アイデンティティの形成や役割に関する話し合い《ネゴシエート》が可能になる。ひとたびグループが活動を始めれば、フィードバックやさらなる役割の話し合い《ネゴシエート》を通じて学べるよう、定期的な再検討のプロセスが必要である。この学習プロセスの中で、グループはその任務の性質や、相互依存の程度（種類も）、または共通の目標について評価しなければならない。目標に向けた進歩を評価するために、グループのメンバーは、互いの関係を損なうことなく、地位や階級を超えてフィードバックをし合えるような、関わり方の規範をもった関係を作り出すべきだ。そうしたフィードバックは、受け手から必要とされるものであり、具体的で説明的で、目標に関連したものでなければならない。

こうしたすべてを成し遂げ、フィードバックを容易にする学習環境を作り出すため、控《ハン》えめな《ブル》リーダーシップが求められる。立場をより対等なものとするために、支援者がクライアントから助力を受け入れなければならないのと同じで、リーダーは地位や役割の問題を解決するためにグループからの助力を受け入れねばならない。このプロセスが機能し続けるように、正規のリーダーやグループの全メンバーは、互いの面目を保つという規範に敬意を払うべきである。各メンバーの主張は支持されねばならない。さもなければ、規範が侵害されたときに社会的な緊張が生まれ、パフォーマンスの低下が避けられないだろう。われわれが基本的に敬意や信頼として考えているものは、たとえ自分の行動が規範から外れて、役に立たないものと見なされても、屈辱を受けたり、ばつの悪い思いをしたりすることがないという感情である。その代わりに、目標を達成すべく努力するグループの中では、どうしたらもっと役に立てるかを示唆するフィードバックを得られるだろう。そうした学習プロセスを確実に行わせるのは、リーダーシップの役割である。これについては次の章で見てみよう。

8

支援するリーダーと組織というクライアント

リーダーシップに関連する支援には三つの面がある。前の章で指摘したようにリーダーシップの重要な役割の一つは、各メンバーやいくつものグループが組織の任務を実行する上で、相互依存するチームワークのための環境を作り出すことだ。まず、リーダーはそうした環境をどんな方法で作り出せばいいのか、また支援はどのように作用するのだろうか。第二に、部下に関してだが、組織のリーダーシップは、任務を達成する上で部下が支援を受けねばならない場合があるということを、伝えているだろうか。リーダーは支援者になれるのか。また、なるべきなのか。そして第三に、リーダーを支援するにはどうしたらいいだろうか。

こうした疑問が複雑なのは、われわれが扱っているのが組織だからだ。組織では、関わりのあるすべての人間が同じ空間にいるわけではなく、互いにコミュニケーションしない場合さえある。そこで、誰がクライアントなのかという大きな疑問が生まれてくる。

誰がクライアントなのか

支援者の観点からすれば、組織開発のプロセスを通じて支援者つまりコンサルタントが組織を導くことと、もっと成果をあげるようにリーダーを支援することとは、支援関係の中で最も複雑な二点である。というのも、支援者つまりコンサルタントは不動の地位や役割に就いている多数のクライアントに関わっているからだ。実際の支援の大半は一対一のものか、小規模なグループにおけるものでも、概してクライアントはほかのグループや組織に影響を与えようとしがちである。クライアントであるリーダーは診断や指示を下したがる場合が多く、支援プロセスの中にはいない、組織のほかの人を含んだプログラムの実行に支援を求めることもある。

支援者はクライアントの目標が変革であることを初めから知っているが、変化した結果、組織のほかの部分にどんな衝撃が与えられるかを知らないことがジレンマとなる。支援者が対処する相手はじかに接しているクライアントだが、究極のクライアントとして考えなければならない、見知らぬ人たちにも変化を及ぼすのだ。したがって、支援者が考えるべきなのは、コンタクト・クライアントに提供する迅速な支援が、究極のクライアントにとって害にならないかどうかということである。たとえば、それがクライアントの望みだとしても、リーダーが部下をもっと利用することに支援者は力を貸したいと思うだろうか。あとで見ていくが、組織のコンサルティングが複雑なのは、リーダーが搾取的ではなく有益になるような支援方法を見つけ出すことに由来する場合が大半だ。

リーダーがコンサルタントを求める最もありふれた理由は、目標達成に必要な変化のプロセスを作り出すためである。ここで何よりも皮肉なのは、変化のプロセスを通じて他人を効果的に導くため、まずリーダー自身が支援を受け入れることを学ばねばならない点だ。リーダーは本書で述べた方法に従って支援のプロセスを概念化し、自分が影響を与えようとしている組織の支援者にならねばならない。変化を管理する原則の最もわかりにくい点は、クライアントが自発的に支援を求めるまで、誰をも変えられないということだ。つまり、真に効果的な変化や影響を及ぼすために、リーダーは対象とする相手をクライアントにする方法を見つけなければならない。成果をあげるチームワークの核が支援であるように、変革のマネジメントでも支援は重要なプロセスなのである。

こうして、本章の初めに述べた、支援とリーダーシップがどう関連するかという三つの要素は、密接に結びついたものであることがわかった。

これをかなり具体的に表現してみよう。理想的な上司とは、部下に必要な目標を明確に心得ており、その目標を部下が達成するために手を貸す準備ができている人だろう。上司は資源やガイダンス、フィードバック、助言を与えるだけでなく、部下が求めそうな別の形の支援も与える。当然ながら、上司が陥りがちな罠は、部下が自分のところに来て「手を貸していただけませんか」と言ったとき、支援の提供につきもののすべての問題点が当てはまってしまうことだ。その時点で、上司は控えめな質問をして、プロセス・コンサルタントにならねばならない。衝動に駆られて専門家や医師の役割を演じてはならないのである。こうした事態をいっそう複雑にするのは、組織において支援が起こっていることだ。組織は公正さや面目保持の点で、社会的な規範のほかに文化的な規範も備えている。部下が支援を求める方法もリーダーが支援を与える方法も、社会の文化的な規範を拡大したものと、組織内で作用している敬意と品行という特殊な規範の二つを満たさねばならない。

リーダーなら組織の文化を理解しよう

リーダーは、自分たちの文化を発展させたグループや組織単位にほぼいつでも対処している。*1 どれほど正確に仕事が指示されても、従業員はつねに自分の個性を表す取り組み方を考え出すものだが、相互に作用する仕事なら、そのグループや仕事の性質に特有の規範や伝統を発展させていく。ときとして、そうした規範や仕事の方法には、それが最善のやり方だという、そこだけに通用する現実が反映されることもあるだろう。そして、予想されていた仕事の方法から逸脱していくのだ。

こうした現象は、実践するうちに出てくるズレ《プラクティカル・ドリフト》と呼ばれており、*2 ある種の災難がどのように起きるかを説明している。

たとえば、一九九四年にイラクの飛行禁止区域で国連関係者を乗せたヘリコプターが二機、撃墜された。その区域をパトロールしていた米国の戦闘機は数年にわたり、自分たちの必要に応じて無線の周波数をわずかに変えていたため、戦闘機からの質問信号にヘリコプターが応えることができなかったのだ。同じ頃、その区域をパトロールしていた空中警戒管制機はヘリコプターにあまり注意を払っていなかった。ヘリコプターは峡谷に入ると見えなくなるときがよくあるため、いずれにせよ発見できなかっただろう。最後に、怪しいヘリコプターに戦闘機が接近飛行したところ、予備の燃料タンクを装備していたせいで、その二機のヘリコプターは敵機のように見えてしまった。こうした事情からヘリコプターは撃墜され、二六名の命が奪われたのだった。

　重要なのは、新たにリーダーになった者は、引き受ける予定のグループならびに部門の規範や伝統、実践するうちに出てくるズレ《プラクティカル・ドリフト》という点を理解するまで、どんな変化も起こせないということだ。実態を把握するため、リーダーは質問をして従業員との間に支援関係を確立し、信頼を築かねばならない。グループでいると、上司たちに実際の活動を隠すことができるのは明白だ。そこで、本当に変化を起こしたいリーダーはグループの文化に関与し、現状を教えてもらえるくらいには信頼を得て、相互の支援関係を築かねばならない。

　このようなプロセスの本質は、相互作用的な任務を容易にする関係を築きながら、メンバーは自分が掌握している仕事に一つずつ取り組むということだ。外科医も麻酔専門医も自らの専門分野でよりスキルに磨きをかけながら、そのときどきのコミュニケーションを進歩させることにも取り組む。セールスマネジャーが地域の新たな見込み客を洗い出すことに尽力する一方、セールスマンは個々の見込み客に時間を費やす。彼らは見込み客への接し方について互いに検討し、適切な販売目標を立てるのである。

リーダーシップがこれほど複雑なのは、グループの文化に真摯に関わることによって、支援の受け入れ方を学び、進歩が認められる部分でグループや一人ひとりの部下に支援を与えるという二点が含まれているからだ。役に立つリーダーは、地位を均衡させたり、役割を交渉したり、といったあらゆる問題を考慮しなければならない。上司や専門家という態度で役目に就いてもうまくいかないだろう。

成果をあげる管理職

上級管理職の多くは支援の方法を学ぶことを通じて、成果をあげる管理職に変わる力を持っている。だが、肩書と実際の権力のせいで、彼らは時期尚早のうちに物事に取りかかってしまう。とりわけ、出世階段のトップにいる者は専門家や医師の役割に惹かれがちだ。効果的な変化を遂げる経営者には、実のところプロセス・コンサルタントの役割が求められるのだが。組織のコンサルタントのジレンマは、プロセス・コンサルタントになる方法を学ぶ必要性と、プロセス・コンサルタントという役割は有能なリーダーとなるために不可欠であることを、いかにしてクライアントに理解させるかである。

◆事例8－1　CEOがコンサルティングを求めるとき──リーダーの支援モデル

こうしたプロセスの動的な複雑さは、典型的な経営コンサルティングの例を見ればすぐにわかるだろう。ある経営トップ、とりわけCEOが、コンサルタントに助力を求める。期待されているだけの結果を、ある部署が生んでいないからだ。CEOはその部署について詳細を述べ、原因を突きとめるために面接なり調査なりを行って、問題を解決するよう介入してほしいとコンサルタントに求める。CEOは部長に協力を要請し、面接のための便宜を図り、社員の名簿やら何やら、コンサルタントが必要としそうなものを提供させる。コンサルタントは任務を受け入れると、部長と連絡をとって名簿を手に入れ、面接を行う。

面接は数週間から数カ月にわたって実施され、多くのことがわかるが、ある重要な結果が最も問題となっている。大半の管理職や従業員の報告によると、その部署で何が起こっているにせよ、最大の問題は、部長と、コンサルタントを雇ったCEOとの明らかな食い違いなのだ。それどころか管理職と従業員の大半は、CEOが部署の経営を誤っただけでなく、会社全体にとって有害な行動をいくつもとっていると感じている。なぜ、これが厄介なことなのか。CEOは会社経営に関して個人的に支援を求めなかったため、コンサルタントはCEOにフィードバックする資格がないからだ。コンサルタントは突然、本当のクライアントが誰なのか明確でないことや、累積データで何をすべきかがはっきりしないことに気づく。

本人への否定的な認識も含めて、判明した事実をＣＥＯにただ報告したらどうなるだろうか。それが有益なものになる確率は非常に低い。なぜなら、自分をクライアントと見なさない人間に、頼まれもしないフィードバックを与えるという、原則の大半を破る行為になってしまうからだ。ＣＥＯがコンサルタントを雇ったのは部署を立て直すためであって、自分の経営方法にフィードバックをもらうためではない。

こうしたケースで最もありそうなのは、ＣＥＯが報告に丁重に耳を傾けたあと、そのコンサルタントを解雇し、報告書をゴミ箱に放り込んで、別のコンサルタントを探すということだ。ＣＥＯはほとんど何も学ばず、仕事に必要とされる非常に重要な能力を無意識のうちにだめにしてしまう。つまり、自分の行動を検討して支援を求めたり、支援を受け入れたりすることができなくなるのだ。

ここで定義されたような支援プロセスを理解しているコンサルタントなら、最初に与えられた任務をそのまま受け入れようとはしない。その代わり、ＣＥＯとの支援関係を築くために考えられた質問のプロセスを実行し始めるだろう。

コンサルタントは、ＣＥＯにとって真の問題は何か、その部署が問題だと定義される理由は何か、問題をＣＥＯが解決できないのはなぜか、そして何より重要なことだが、問題を生み出すのにＣＥＯが果たしていそうな役割を探らねばならない。しかもこうしたことはすべて、

CEOの面目をつぶさないで率直に行われる必要がある。コンサルタントは、情報が浮かび上がり、実際にどんなことが起きているか、本当に支援を必要としているのは誰かがわかるまで、専門家や医師の役割は保留し、プロセス・コンサルタントにならねばならない。

こうした調査には一五分から数時間かかるかもしれない。要は、CEOとの関係が築かれないうちに専門的な診断ツールを行使して結論を急いではいけない。これが非常に重要な理由は、組織内の人々の面接を行ったり監視をしたりするだけで、結果的に大きな介入をすることになるとコンサルタントはすでに気づいているからだ。そうした介入を要請するCEOは、部署と自分自身にとってその結果がどのような意味を持つかを理解していなければならない。問題はCEOだという証拠が出てきても、それを明確にすべきである。さらにCEOが気づかねばならないのは、面接を受けた社員は、自分たちが浮きぼりにした事実に基づいてCEOが行動することを期待する点だ。社員たちは意見を交換し合い、これまで知らなかった方向へ考えや見解を変えるだろう。そして、浮上してきた情報に対する反応の仕方で、CEOを判断するはずだ。

こうした結果をすべてCEOが理解できるように手助けすれば、コンサルタントである支援者は、専門家としての役割も演じるだろう。しかし、それは動的な組織のプロセスについて専門的意見を述べているだけで、CEOを悩ませるかもしれない実際の問題については触れられていない。プロセスに関してこうした専門的意見を述べることは、働きすぎのグループに私が前に指摘した点、すなわち現場を離れて、重要な戦略を立てるべきだというものと同じカテゴリーに入る。グループや組織のダイナミクスに関するそうしたプロセスについての考察は、情報という裏づけのあるものであり、支援者は公表を差し控えてはならない。さらに、プロセスに関するそうした専門知識がないせいで、クライアントがいっそう低い位置《ワン・ダウン》にいると感じないように発表すべきである。

私の経験によると、組織であるクライアントと仕事する上で最も難しい部分は、プロセスに関する専門的な意見や助言を与えながらも、質問者の役割にとどまり続けることだ。つまり、会話が進行するにつれて、支援者は行動面においては専門家の役割とプロセス・コンサルタントの役割とを行ったり来たりすることになる。コンサルタントがさらに先へ進む前に、ＣＥＯが結果をすべて把握しておくことは重要である。責任感のある支援者として、コンサルタントはＣＥＯとの関係を築いておくことが仕事だし、次の段階へ行く前に結果をすべて公開し、論じ合い、共同で物事を決定できるようにしておくべきだ。このプロセスがうまくいけば、ＣＥＯの見方は、改善すべき厄介な部署があるというものから、その部署がもっと成果をあげるためにどんな介入をしたらいいかというものへ変わるだろう。そうした認識を持って、ＣＥＯはリーダーシップという責任に立ち向かう。ＣＥＯは問題を定義する中でコンサルタントにいくらか支援してもらうことを覚え、部署にとっての支援者の役割を引き受けるだろう。そうすれば、ＣＥＯとコンサルタントは、部署の面接を進めるのがいい考えかどうかを共同で判断できる。

そして、ともに活動すれば、単にデータを集めるだけでなく、部署で大きな改変を進められると気づくに違いない。

共同での意思決定をさらに進めると、次の段階ではさまざまな疑問が浮かんでくる。たとえば、この新しいプロジェクトをどのように伝えればいいか、部長にコンサルタントをどう紹介すればいいか。また、部長にはそのプロジェクトを拒絶したり、受け入れたり、影響を与えたりするための自由をどれくらい与えればいいかといったことだ。この時点で、部長をクライアントにしなければならない。そうすれば、面接でどんな情報が明らかになっても、部長はそれが部署にとって有益なものだと思えるようになる。部長がクライアントにならなければ、話す内容に気をつけろと従業員に警告する場合もあり得る。そしてコンサルタントとの率直なコミュニケーションが損なわれるだろう。

結局、コンサルタントは、まったく同じ面接を部署内でも実施することになるかもしれない。しかし、CEOが関わっていれば、CEOとコンサルタントは、グループに対してコンサルタントをどのように紹介すべきか計画を立てるだろう。また、集めたデータでコンサルタントが行うことに対して、何らかの規則や規範を組み入れる方法も考えるだろう。

このプロセスでの重要なステップは、その部署の部長に会うことである。部長は支援を受けると同時に、より役立つ存在になるという二つの役割を受け入れなければならない。それには彼らの経営スタイルについて返ってきた情報――その大半は否定的なものだが――で何をすべきかという考えも含まれるだろう。

仮に、全体的な効果をあげるために、部署のメンバー同士が互いに支援するプロセスを作ることが目標だとしよう。そうすれば、面接を始める前にさらに考えておくべき問題は、影響を与えられるような方法で情報を明るみに出したり、フィードバックを与えたりするにはどうしたらいいかということだ。データをすべて集め、それを要約し、要約したその報告書を部長やCEOに提出するだけでは、それまで認識された問題を改善する行動を始めるのに効果的な方法とは言えない。メンバー同士が支援し合うやり方なら、部長やCEOはまとめ役を演じることになる。認識された問題の多くはグループの部下たちが対処するほうがいい。なぜなら、彼らは自分たちの職場の文化《ワークカルチャー》で何が成功し、何が成功しないかを知っているからである。

仕事のやり方に応じて個々の課やグループに面接結果を伝え、データを示し、内容を以下二つのカテゴリーに分けるといい。

一　グループ自体で修正が可能な内容

二　修正するための資源や権力を持っている、より上級の管理職にまわさねばならない内容

たとえば、外科チームでは、外科医や麻酔専門医、看護師の間での意思の疎通は、一つのグループとしてプロセス化できる。しかし、手術器具が不足していたり、手術室の照明が改善を

必要としていたり、給与の不公平さがあったりした場合、そうした情報は階層制における次の階級にまわされなければならない。

　こうした事実が経営についてどんな意味を持つかといえば、面接で明らかにされたすべてに関してＣＥＯが報告を受けているわけではないということだ。また、ＣＥＯは部署のほかの者よりも先に情報を得ているわけでもない。部署の全グループがまずデータを手に入れ、それを整理し、その後、関連のある内容のものを部長に渡す。部長はその段階で同様のプロセスを経て、適切なものは何か、ＣＥＯに渡すべきものは何かを決定するのだ。こうした理由で、ＣＥＯは、コンサルタントが数週間から数カ月かけて発見したものを知らされていないかもしれない。しかし、その間にも問題解決のためのプロセスがいくつも始まり、パフォーマンスが向上するだろう。部署が自力で困難を乗り切れるようなプロセスをＣＥＯが始めるおかげで、メンバーたちは一段低い《ワン・ダウン》位置に置かれるという不快な状況を避けられる。まず報告書を見たＣＥＯが事実上、「これはきみたちの問題だ」と言ったようなものだからだ。

　こうしたプロセスが展開されるうちに、部長と従業員の一部との関係は発展していき、ＣＥＯとグループの距離が近くなる。それによってＣＥＯはさらに観察したり、コミュニケーションをとったりしやすい対象となるだけでなく、いっそう完璧さを失った身近な存在となるのだ。それからＣＥＯは矯正措置を開始する上で、受け入れがたい作業プロセスやプラクティカル・ドリフトが、前よりもいい状況にあることに気づく。重要なのは、全般にわたってより効率的で効果的なサービスを提供する中で、相互に支援し合う雰囲気を育てることだ。

残念ながら、私が会ってきたCEOの大半にとって、支援は、まず他人を強制するものとして定義されてしまっている。彼らは最初に情報を知りたがり、自分なりの診断を下して（またはコンサルタントの診断を受け入れて）、自らの権威と権力を用いて問題を解決するのだ。そうしたCEOたちはコンサルタントを単なる情報提供者として利用するだけで、情報収集そのものがシステムへの巨大な介入なのだとは考えもしない。彼らは大半の組織が強く相互依存しているという事実を理解せず、さまざまな支援関係を作ることだけが組織のパフォーマンスを向上させるということも理解しない。

要するに、リーダーが状況の改善を望むなら、最初に支援者の役割を演じ、次に、支援してもらいたいという意志を示せば、成功する場合が大半である。ひとたび信頼関係が築かれたら、リーダーは現状についての重要な情報を引き出し、その組織の文化的な規則や規範を学ぶだろう。そうなれば、彼らは変える必要のあるものを変えながら、専門家や医師の役割へ移行できる。そうした変化を実行に移す中で従業員たちが望みどおりに変われるように、リーダーは支援のモデルについてもう一度考えねばならない。

「変革」における支援の役割とは？

支援という観点からすると、組織の変化は特に興味深い。なぜなら、大半の組織のプロジェクトでは、あらゆる支援の形に出会うからである。つまり、一対一の支援、チームという支援の形、そして組織という支援の形だ。そうしたプロジェクトの大半には、クライアントとのあらゆる関係も含まれている——日々の業務を行うコンタクト・クライアント、最終的にプロジェクトやコンサルティングの問題を抱え、費用を払うプライマリー・クライアント、そして、変化によって最も影響を受ける、究極のクライアントだ。こうしたプロジェクトの種類は、外部の技術的、政治的、または経済的な力によって決定づけられるせいで、目標に交渉の余地がない最初のうちは、変化を起こすのがいかに容易かということも示している。リーダーとコンサルタントは、他人、つまり変化の対象である人間の行動や態度を変える方法を考え出さねばならない、いわば変化の代理人となる。

人は変化を気にかけないが、他人に自分を変えられたくないということは、自明の理の一つである。このわかりきったことに鍵がひそんでいる——変化のプロセスを支援のプロセスとして見直し、変化の対象をクライアントにするというものだ。

本章の初めのほうで、CEOが変革のプログラムを始める上でこうしたプロセスにどう取り組むかについて示した。今度は、外部の勢力や経済的必要性におされて、交渉の余地がない目標にCEOがとりかかる場合、変化のプロセスが組織内でどう働くかを見てみよう。

たとえば、もっと環境に責任を持つべきであるという裁判所命令がコン・エディソン社〔ニューヨーク州の電力会社〕に下されたとき、同社の従業員は環境を汚染するものや有害な状況についてすべて確認して報告し、除去するよう求められた。こうした新しいルールを実行するため、会社はまず従業員に、環境を侵害するものの見極め方と報告の方法、そして除去の方法を指導しなければならなかった。関連した知識やスキルがなければ、従業員たちは新たなルールに従えなかったのである。

初めのうち、新たなルールに従おうという動機づけは完全に外的なものであった。正しい行動をとらなければ、罰せられたのだ。しかし、多くの支援を得られるようになり、より有能になるにつれて、従業員は要求されたことを自分のものとして吸収するようになり、この領域で支援を求めることが増えていった。より成果をあげる上司たちは、ルールを遵守させる最善の方法が「あらゆる汚染を見極め、報告するために、どんな手助けが必要ですか」と尋ねることだと悟った。これを成功させたければ、変化を起こそうとする人は、目標に交渉の余地がないことや、目標を達成するために手を貸したいと思っていることを伝えなければならない。

変化を扱う理論の中には、しばしば「解凍☆」と呼ばれる強制的なプロセスがある。これは変わりたいという意欲をかきたてるものだ[*3]。組織の目標や課題が要求するものから、求められている新たな行動が決定される。しかし、変化が本当に必要だという認識に基づいて、ひとたび動機づけが生じれば、それは学習プロセスになる。そのおかげで、支援を求めることは必要な変革だと、的確に考えられるようになるのだ。今や従業員はクライアントになり、変化を起こそうとする人は支援者となる。このように役割を整理することは重要である。なぜならそうすることで、日頃の行動を変える最も効果的な方法は、それをクライアントが達成できるように支援することだと、変化を起こそうとする人が認識できるからだ。つまり、何もガイダンスや訓練がなくて、行動を変えられない場合、従業員が一段低い位置にいると感じているだろうことを初めから認識するに違いない。支援者はまず、新たな行動の妨げになっているのは何か、以前の行動をやめられないのはなぜか、クライアントが最初に踏み出せる一歩は何かといったことを尋ねて、人間関係の均衡を保たねばならない。学ぶべきことにクライアントの注意を引きつけるため、支援者は心理的に安心できる雰囲気を作り、望ましい行動の手本《ロールモデル》を提供する必要がある。

医療業務についての著書の中で、ガワンデ*4は、医師にもっと頻繁に手を洗わせようとする、ある病院の取り組みについて述べている。

さまざまな奨励がされ、規則が出されても、それが最低限しか守られないという状態のあとで、医師たちはこう質問された。「もっと頻繁に手を洗わないのはなぜですか」。この控えめな質問から、不便だとか、時間がないとかいった実に多様な理由があらわになった。そこから多岐にわたる解決策へつながり、規則を守る率は一〇〇パーセント近くになったのである。たとえば、便利な場所の多くにハンドソープが置かれるようになり、手を洗うことも時間を節約することも容易になった。今や医師たちは強制的に行動させられるのではなく、支援されている状態なのだ。

誰もがクライアント

先にあげた例からわかるように、情報を集めるだけの受け身の状態ではなく、CEOや組織を助けたいと思うコンサルタントは、クライアントという概念の曖昧さや複雑さを受け入れなければならない。日々の業務では、一対一のコンサルティングであっても、誰がクライアントかという概念は思いがけない方法で変わることがある。私自身、一つのプロジェクトの中で、CEOや部長と働き、面接で一人ひとりの従業員と会い、データの分析をグループと共同で行って、フィードバックを行う会議で部署全体を相手にした、といった経験が何度もある。

全体的な原則は、上方向にせよ、下方向にせよ、正規の階層あるいは身分の階層の中で、層を飛ばしてはならないということだ。もし、コンタクト・クライアントがCEOなら、次の階級の者とどう関わるかという決断は、支援者とCEOが共同で下さねばならない。その段階での代表と支援関係を築いたなら、連帯して、すぐ下の層にいる者との関わり方を決めなければならないのだ。どんなときであろうと層を飛ばせば、その層にいるメンバーは仲間外れにされた気分になり、現状を理解しようとはせずに、故意にせよ無意識にせよ、支援プロセスを破壊してしまう可能性が非常に高いだろう。

もし、コンタクト・クライアントが組織の中間層でも、同じ論理が当てはまる。支援者と部長は共同で、すぐ上か下の層、もしくは二段上か下の層にいる者との関わり方を決定しなければならない。とりわけ、CEOに現状を確実に理解させ、同意を取りつける必要がある。こうした上の層への指南は、CEOが自分で物事を修正できるといった考え方の持ち主の場合には特に重要だ。なぜなら、CEOにとって、低い層で行われるかもしれない相互の支援プロセスの多くは生ぬるくて、あまりにも体系化されていないものに見えるからである。

私は有益なプロジェクトの多くが、初めのうちは関わっていなかったCEOによって一方的にキャンセルされる例を見てきた。前に述べた外科の例では、こんなことが容易に想像できる。すなわち病院のCEOか外科の主任が、理解不足のせいか、心臓外科医長の「看護師と技術者の訓練のために時間を割いて、全資金を注いでいる」という言葉を誤解したことによる不満のせいで、新しい技術の適用を批判するというものだ。

結局のところ、究極のクライアントが組織の一単位《ユニット》なのか、組織全体なのかをコンサルタントは認識しなければならない。誰もが得をするためには、あらゆる階層の介入が支援となりうるのか、ほかの層への害になるのかを考慮すべきだろう。

まとめ

組織の支援が目的である場合、支援につきものの複雑さはすべて存在する。いつであろうと、支援者はクライアントが誰かを正確には知らないかもしれない。だが、組織のトップを関わらせることと、支援関係を築く上でどの層も抜かしてはならないことは確実に守るべきだ。どうすればコンタクト・クライアントとの仕事が他人の支援につながるかはつねに明確とは限らない。だが、コンタクト・クライアントは、すぐ次の層とどう関わるのが最良かという決定を共有しなければならないのである。さらに、目標がクライアントによって設定されたのではなく、外部の力によるものであった場合、支援をどう与えたらいいかということは明確でない。しかし、成功している変革プログラムを調べれば、変化のプロセスのどこかで、対象となる相手がクライアントに変わった重要な時期があったことに必ず気づくはずだ。組織が変わろうと努力する間、支援者の役割はプロセス・コンサルタントと、専門家にして医師の間を絶えず行き来しているだろう。プロジェクトの進行につれて、支援者は新たなクライアントのそれぞれと新しい関係を築くために、プロセス・コンサルタントとして機能しなければならなくなる。そうした関係がすでに確立されたクライアントに対して、支援者は専門家ならびに医師の役割をいっそう演じやすくなるだろう。陥りやすい罠は、新しいクライアントが出現したときに、もう一度プロセス・コンサルタントになる必要性を忘れてしまうことだ。支援者が組織のダイナミクスを理解していることは専門家として重要な部分であり、関係が築かれている間中、その知識をクライアントと分かち合わねばならない。

リーダーシップの重大な側面は、支援を受け入れる能力と、組織のほかの人間に支援を与える能力である。なぜなら、組織とはさまざまな文化《サブカルチャー》の集まりであり、行動の変革がなされるべきグループの文化を理解するまで何一つ変わらないということを、つねにリーダーは受け入れなければならないからだ。その点について、リーダーは文化を解釈する上で支援を受け入れるようにならなければならない。さらにリーダーは、自分たちが組織の一部であることや、組織内のどんな変化もそれ自体が変革を伴うことを避けられないと理解すべきだ。その意味で、変革への取り組みの声をあげた人と同様に、リーダーもまたクライアントなのである。

リーダーはほかの人々と交流するうちに、組織を向上させる最善の方法は、相互に支援し合う環境を作り、組織のほかの者との関わりの中で自身の支援のスキルを明らかにすることだと悟るに違いない。仕事を成功させるために、支援を受けるべきクライアントとして部下を見なすことは、常識にそぐわない考えかもしれない。だが、実を言えば、これが組織を導くための最も適切な方法なのだ。リーダーシップを定義する一つの方法は、目標設定のプロセスと、そうした目標を達成するために他人（部下）を支援することの両方だと言える。

9

支援関係における7つの原則とコツ

支援とはありふれているが、複雑なプロセスだ。それは態度であり、行動であり、スキルであり、社会生活に不可欠な要素でもある。また、われわれがチームワークとして考えているものの核であり、組織の有効性には欠かせない要素でもある。そしてリーダーが行うべき最も重要なものの一つであり、変革のプロセスの根幹でもあるのだ。しかし、支援は失敗する場合が多い。

われわれは支援者として、善意から出た支援が拒絶されたり、無視されたりしていると感じることがよくある。クライアントとしては、必要とする支援が得られないとか、間違った支援が与えられているとか感じる場合がたびたびあり、支援が過剰だと思ったり、最悪の場合には、最高の支援が与えられていたことに気づいていなかったと後で悟り、罪悪感を覚えたりする場合さえあるのだ。こうした複雑さを解決し、ここまで提供してきた洞察の数々をまとめるために、私はこの章で最後の考えや原則、そして助言をいくつか述べたい。

支援を与える用意

支援はありふれた社会的プロセスであるが、唯一の社会的プロセスではない。人が他者と関わる場合は、ほかにもさまざまな役目がある。支援を効果的に申し出て、提供し、受け取るために、ほかの活動から移行する能力や、支援したり支援されたりといった態勢を整える能力もわれわれには必要である。現在の状況が急に支援を必要とするものになったり、少なくとも支援を選択肢に入れなければならなくなったりしたとき、支援を受けたり提供したりする準備をしておくのは、社会教育の一部なのだ。しかし、支援したいとか、支援を求めたいとかいった衝動は、状況に逆行する場合もある。

見知らぬ人や友人、あるいは配偶者から、いつ支援を求められるかは予測できない。自分がほかのことで手いっぱいだったり、うわの空だったり、または支援したくない気分だったりしたときに突然、支援を求められる場合もある。

私は勤務時間外に学生や同僚から仕事の手助けをしてほしいと言われることがあるが、彼らが自分で答えを調べようとしない点に苛立つ場合が多い。あるいはどう手を貸せばいいかわからず、それを認めるのが恥ずかしいため、傷ついた気持ちになるかもしれない。または、ほかのことに気をとられていて、他人に注意を払えない可能性もある。

支援を職業としている人は、正規の場以外での支援をいやがる場合が多い。医師がパーティで友人に医療上の助言を拒否したり、友人が見たという夢の分析をセラピストが断ったりするように。ほかのことを終えようとして慌てているときに指示や助言を与えれば、混乱を生じさせる可能性があるのだ。

支援する上で妨げとなる個人的な資質は、さまざまなときに誰にでも現れる。支援を求められたら応えるべきだというう文化的なルールはあるが、それは進んで支援しようとする気持ちが選択肢の一つであり、自動的な反応ではない事実を強調している。人の役に立ちたいと思えば、心の中に葛藤が生じるに違いないし、支援しないという選択をする場合もあるかもしれない。

そうした選択が最もはっきり現れた例として、運転しているときの私の態度を取り上げる。もし、隣り合った車線で方向指示器を点滅させる車があって、こちらの車線に入りたいという意思を示したら、私がとる行動は次の三つのうちのどれかだろう。

一　車のスピードを落として、その車を入れてあげる

二　私の前の車との距離を詰めて、その車が入れる余地をなくす

三　方向指示機の点滅を見逃す

リラックスして急いでいないときは、支援しようという態度を維持していることに私は気づいた。急いでいるときや、手を貸せば自分が不利になるときは、支援しないという選択をしている。たとえば、隣車線の車を自分の車線に入れてやれば、その車が次の信号で左折しようと

して、後ろについた私が延々と待たされる羽目になることを恐れているのかもしれない。

ホームレスやさまざまな種類の寄付依頼者に関しても、同様の選択が行われている。私は何かを与えてもいいし、話には耳を傾けても何も与えないことにしてもいい。寄付を乞う人に顔を合わせないよう、通りを渡ってもかまわない。

認識しておくべき重要な点は、支援を求める必要性が、われわれのまわりにさまざまな形でつねに存在しているということだ。そこで、そうした支援の必要性に気づくか気づかないかの選択や、支援を与えるか否かの選択をする必要がある。

支援を受ける用意

支援を受ける用意にも問題が含まれている。というのも、支援は求めるか求めないかにかかわらず、提供される場合が多いからだ。もし、私が急に支援を申し出られたら、他人の主導権に対して反応し、一時的に低い位置《ワン・ダウン》に置かれたという感情に対処しなければならないだろう。提供された支援を本当に必要としていると突然気づいた場合でも、あるいはもっと悪いことに、実際は何の問題もないし、まったく必要がないのに、支援を求めていると見なされたという自分の気持ちに対処しなければならない場合でも。

支援しようとした誰かから、思いがけず助言されたり、自分が行っている何らかの仕事に介入されたりすることは予測できない。そしてその支援を、われわれは受け入れたくないかもしれないし、受け入れられないかもしれないのだ。こうした望まない支援という形が最もありふれた、そして最も厄介な状態で生じるのが、余計なおせっかいというものである。

望まれない支援の例をあげてみよう。私の娘は水彩画の授業を受けていたが、あるとき、木を描くのに苦労していた。すると、先生が手を貸そうとして寄ってきて、絵筆をつかむと、しかるべき木に見せるために必要だった主要な線を描いたのである。娘は腹を立て、傷ついた。その絵を完全に自分の力だけで描いた作品にしたかったからだ。ときとして、人は過剰な支援を受ける場合がある。私は隣のコートでテニスのレッスンが行われている様子を眺めていたことがあった。見ていて気づいたが、インストラクターは生徒が打つたびにことごとく打ち方を直していた。そのせいで、生徒たちはただ困惑しきっていたのである。

支援を受けたり、支援を与えたりしようという気持ちを維持するなら、自分の心に問いかけて、いつ、どういう状況であれば、支援を申し出るか、与えるか、または受け取る用意があるのか、ということを認識しなければならない。そこで、この点を考えると、最初の原則が生まれる。

原則1　与える側も受け入れる側も用意ができているとき、効果的な支援が生じる。

コツ① 支援を申し出たり、与えたり、受け入れたりする前に、自分の感情と意図をよく調べること。

われわれの真の意図が、単に支援を申し出ることではなく、仕事を片づけたり、ゲームで誰かを負かそうとしたりすることだった場合、本書のいたるところに述べられているいくつもの罠に陥りやすい。

コツ② 支援したいとか、支援されたいとかいう自分の欲求がよくわかるようになること。

支援関係における相互依存についての文化的ルールは、非常に明確である。だから、支援を与えたくないとか、受け入れたくないといった気持ちに気づいたなら、最初からそういう事態にならないよう避けることを学ばねばならない。ひとたびある状況に置かれたら、その文化的なルールに従うべきだ。

コツ③ 支援しようという努力が快く受け入れられなくても、腹を立てないこと。

腹を立てる代わりに、少し時間をとって自問してみよう。本書で論じられてきた多くの罠の一つに、自分が陥っていないかどうかと。もしかしたら、あなたが助けたいと思っている人が支援を受け入れる用意があるか、受け入れられる状態かを調べなかったのかもしれない。尋ねもせずに、その人には支援が必要だろうと、あなたが推測したかもしれないのだ。

今でもはっきりと覚えているが、以前、あるピクニックで、料理が山盛りの皿を運んでいる三歳の子供に手を貸そうとしたことがあった。すると、その子の父親は手を出すなと厳しく注意したのだ。「この子にやらせておいてください。自分でやり方を学ばねばならないんです」と。どんな状況もそれぞれ違う。支援が必要とされなければ、適切でもない場合も多いのだ。

原則2　支援関係が公平なものだと見なされたとき、効果的な支援が生まれる。

コツ④　支援を求める人は気まずい思いをしているということを思い出そう。だからクライアントの本当の望みは何か、どうすれば最高の支援ができるかを必ず尋ねること。

あなたがこうしたことをきちんと尋ねれば、クライアントは状況や意思を少しはコントロールできるという気持ちになり、支援をより受け入れやすくなるだろう。必要とする支援をクライアントが得ているかどうか、ときどき確認しよう。そしてクライアントが支援を得る必要性よりも、助けたいというあなたの必要性にとらわれすぎて、過剰な支援をしないように注意すること。

コツ⑤　あなたがクライアントなら、何が役に立ち、何が役に立たないかというフィードバックを支援者に与える機会を探そう。

支援も人間関係であることを思い出してほしい。クライアントというあなたの役割では、支援者が本当の意味で役に立つように、ガイダンスや情報を提供することが助けになる。

支援を求めなければならないとき、自分が一段低い位置にいるという感覚は明らかである。もっと微妙だが、同様に不快なのは、間違った支援をされたり、支援されすぎたりして「恥をかかされた」と感じることだ。自分でできるとわかっていることに手助けを申し出られたとき、相手が私には無理だと思っているのではないかと感じ、子供扱いされて侮辱された気分になる。また、支援を求めて実際にそれを手に入れたのに、支援者がなおも助言し続けている場合にも苛立ちを覚える。著述家としての私の経験から、最もいい例をあげよう。それは私が書いたものについて、一般的なフィードバックを求めるときだ。私は一般の反応を手に入れて理解し、修正するのだが、支援者はさらにいくつか注釈をつけ、一つひとつのポイントをすべて見せて説明したがる。支援者がわかっていないのは、私はすでに全体を細分化する考察をしたため、そんなことをしても微小の部分を分析するだけだということだ。そこでクライアントとして、これ以上の支援を受け入れられないとき、支援者にどんなフィードバックをするかについても学ばねばならない。

原則3　支援者が適切な支援の役割を果たしているとき、支援は効果的に行われる。

たとえ支援を求められたり、支援が明らかに必要だとわかったりしても、本当に必要かどうかを尋ねてから、専門家や医師の役割を演じること。考えられる一般的な三つの役割から、明らかな相違点をあげてみよう。

コツ⑥　まずは調べてから、どんな支援の形が具体的に必要とされているかを推測すること。

一　クライアントが必要としている具体的な知識や具体的なサービスという形で支援を与える専門家

二　クライアントの状態を診断し、処方薬や専門的なサービスを与える医師。

三　実際に必要なものを判断するため、共同で調べることによってクライアントを参加させ、情報をすべて打ち明けてもらえるほどの信頼関係を築くプロセス・コンサルタント助力を求められたり、手を貸す必要性を感じて支援する準備ができていたりする状況の初めのうちは、プロセス・コンサルタントの役割からスタートするのが一番いい。もっと多くの情報を得られるまで、あなたの専門的知識や診断スキルがその状況に本当に適切かどうかはわからない。プロセス・コンサルタントの役割を演じるのがほんの数秒の場合もあれば、支援の全期間にわたる場合もあるだろう。だが、適切で妥当な支援にしたいなら、そこから始めなければならない。

コツ⑦　支援する状況が続く中で、あなたの演じている役割がまだ役に立つものかどうか、定期的に調べること。

前に効果的だったものが、そのまま有効だと思い込んではならない。状況は変わるかもしれないので、あなたの役割も変えるよう準備しておくべきだ。チームワークや介護、組織の変革プロジェクトといった、支援が長引く状況では、専門的なサービスや診断スキルが非常に役立つときがあるだろう。そうしたケースでは、支援者は役割を変えるべきである。だが、過剰な支援や不適切な支援をしないために、支援者はときどきプロセス・コンサルタントの役割に切り替えて、与えられている支援がまだ適切なものだと確かめる用意をしておかねばならない。クライアントも支援者も、ある時点でふさわしいものが、別の時点で適切だとは限らないことを心得ておくべきだ。したがって、クライアントも支援者も柔軟にならねばならない。

コツ⑧　あなたがクライアントなら、もはや助けられていないと感じたとき、恐れることなく支援者にフィードバックを与えよう。

専門的な支援者や熱心すぎる友人に対しては特に、役に立つ時間を過ぎても支援を続けようとする、善意の努力を遮ることが重要だと私は気づいた。役割を変える時期だとクライアントから言われないかぎり、支援者はそれを知る方法がないのだ。

原則4　あなたの言動のすべてが、人間関係の将来を決定づける介入である。

コツ⑨　支援者としての役割の中では、人間関係に与えそうな衝撃によって、自分の言動をすべて評価すること。

コミュニケーションとは、一回の選択ではない。ある状況におけるあなたの行動のすべてが何らかのことを伝えており、したがって、一種の介入となる。あなたは傍観者となり、支援を求められても、見えないし、聞こえないというふりもできる。あるいは支援が求められる状況を故意に避けることも可能だ。しかし、たとえ傍観者であっても、何かしらの結果を生み出す。あなたは助けにならない人だとまわりから思われ、支援したいと思ったときにも支援を求められないかもしれない。支援しようという気持ちが文化の一部である組織の一員なら、まわりから浮いた存在と見なされ、仲間外れにされるかもしれないのだ。

あなたは状況を見て認識するが、行動は起こさないと決めるかもしれない。支援を頼まれても、断る場合もあるだろう。こうした反応は支援関係の発展を妨げるか、悪くすれば、あなたを否定的に見ているかもしれないクライアントの反感を買いそうだ。支援を申し出るか、支援を実行しようと決めたら、少なくとも自分が親切な人間であることを伝えるべきだろう。しかし、支援しすぎたり、間違ったやり方で助けたりすれば、逆効果となり、迷惑でおせっかいな人と見なされるかもしれない。問題は、あなたが何をしようと、あるいは何をするまいと、いくつもの合図を送っているということだ。あなたはその状況に介入しているのである。したがって、その現実を心に留めておく必要があるだろう。目に見えない姿でもないかぎり、コミュニケーションをとらないわけにはいかない。だから、どんな種類の介入をするつもりかということに基づいて、どうコミュニケーションするかを選ぶべきである。

コツ⑩　あなたがクライアントなら、やはり自分のあらゆる行動がメッセージを伝えていることを自覚するべきだ。

自分の行動について認識し、人間関係に与える影響を考えよう。あなたは支援を承認しているだろうか、それとも賞賛しているだろうか。あるいは支援に抵抗を感じているだろうか。それとも、積極的に支援を否定しているだろうか。支援者にフィードバックを与えているだろうか。

コツ⑪　フィードバックを与えるときは、現実の姿の記述にとどめるようにし、判断は最小限に抑えること。

人間関係において公平さを維持し、クライアントが確実に満足し続けるようにするという問題から、支援者はクライアントにいつフィードバックを与えるべきか、どんなフィードバックを与えるべきかという疑問が生じる。心理学の考え方から、正の強化を行えば成功することが知られている。そうすれば、教師やコーチが望む方向へ行動が導かれていくからだ。負の強化や懲罰は、排除すべき行動に用いると効果的であることも知られている。そして、フィードバックの理論から、最高のフィードバックとは記述的なものだと考えられている。それならクライアントも評価を行えるからだ。こうした事柄はガイドラインとして効果的だが、人間関係の中で生じる微妙な問題はこれで解決できない場合もある。

コツ⑫　不適切な励ましは最小限にすること。

支援関係を築く上で、励まし――正の強化を経たもの――は適切だと思われるに違いない。しかし、慎重に扱わねば、そうした励ましはたちまち相手を子供扱いしたり、侮辱したりすることになってしまう。
私のパソコンのインストラクターは、あらゆる行動を褒めてくれた。すでにマスターしたことが明らかな操作についても褒められると、私は苛立ちを覚え始める。わかりきったキーを私が打つたび、インストラクターは「すばらしい！」と言うのだ。私は内心でうめき声をあげていた。彼の意図は悪くないが、私が認識してほしいと思っている点を見落としていたのだ。つまり、私は基本的な操作がかなりできるようになったので、新たに身につけたことだけを褒めてほしかったのである。見るからに単純な手順をインストラクターが褒めれば褒めるほど、私は彼が教えようとしていた新しいことが頭に入らなくなっていった。いささか機械的な自分の態度が与える影響に、インストラクターは注意を払っていなかった。そして私は彼を遮って、自分の感情を論じることができなかったのである。

コツ⑬　不適切な修正は最小限にすること。

間違いだと支援者が知っていることを、クライアントが実行しようとしたり、提案したりした場合、支援者はどうしたらいいだろうか。支援者は間違いをすぐに指摘すべきか（そうすれば相手を罰しているか、屈辱を与えているように見えるだろう）、あとでその状況を再検討しているときに持ち出すべきか、あるいはまったく放っておくべきかというジレンマに陥る。もし、ネガティブな結果がすぐに生じるような場合、たとえば仮免練習中の人が一方通行の通りを逆走しようとしたら、支援者がすぐさま間違いを正すべきなのは明らかだ。だが、パソコンの新しい操作やテニスの新しいストロークを習っているようなとき、間違いは頻繁に起こっているが害はない場合、支援者はそのつどミスを指摘するより、そのまま放っておいたほうがいい。間違いを自分で見つけることを覚えれば、クライアントは自信を得るのだ。こうしたコーチングの役割の中で私は気づいたが、間違いを指摘してほしいかどうかとクライアントに尋ねることは有益である。

原則5　効果的な支援は純粋な問いかけとともに始まる。

コツ⑭　純粋な問いかけからつねに始めるべきである。
支援を求められていることがどれほど明らかでも、反応する前にしばらく間を置き、考えてみること。それからどんな方法で反応するか決めよう。

コツ⑮　求められた支援がどれほどお馴染みのものに聞こえても、これまで一度も聞いたことがない、まったく新しい要求だとして考えよう。

純粋な問いかけというものは難しい。それには過去の経験に基づいた偏見や予想、推測的仮定、期待といったものをできるだけ胸の内に留めることが求められるからだ。マサチューセッツ通りへの行き方をあなたに尋ねる三番目の人が、その前に尋ねた二人と同じ目的地へ向かっているとは限らない。子供が宿題を手伝ってくれとあなたに頼むのは、別の理由があるのかもしれない。頭痛にはさまざまな原因があると知っている医師は、患者一人ひとりを別の方法で治療しなければならないだろう。組織開発のコンサルタントは誰もが、クライアントが社風を評価してほしいと求めるのには多様な理由があると知っている。そしてソーシャルワーカーは、どこの家庭内不和もそれぞれ違うとわかっているのだ。状況を型にはめてしまうと、関係が築かれず、何の支援も与えられないというリスクが高まる。

純粋な問いかけの鍵となるのは、「自分の無知に気づく」という、奇妙な概念である。もし、あなたが自分の予想や憶測を調べるためだけに質問すれば、クライアントはそれを感じ取り、あなたの考え方へと誘導され、懸念をさらに打ち明けることはないだろう。自分の無知に気づき、質問に生じる先入観を最小限にするためには、本当に知らないことは何かと自問しなければならない。

関係が始まったばかりの頃に純粋な問いかけが最も重要な理由は、二つある。クライアントの地位を高めるためと、支援者が正しい情報を最大限に得られるようにするためだ。したがって、支援関係を築き始めるのに最適な方法は、プロセス・コンサルタントの役割を演じて、純粋な問いかけをすることである。

原則6　問題を抱えている当事者《オーナー》はクライアントである。

コツ⑯　関係を築くまでは、クライアントの話の内容に関心を示しすぎないよう注意すること。

支援者が陥りやすい最も危険な罠の一つは、話の内容に惹かれることである。これは懸案の問題に対して支援者が専門家の場合、特に当てはまる。そのせいで、プロセス・コンサルタントの役割にとどまり続けることが非常に難しくなる。純粋な問いかけだけに専念することや、無知の領域に気づくことが困難になるのだ。

コツ⑰　あなたがすべて知っていると思う問題とどれほど似ているようでも、それは他人の問題であって、あなたのものではないことを絶えず思い出そう。

ある問題を他人がどう感じているかについて、支援者が心から理解できることはあり得ない。他人は自分と異なった社会的状況に生きており、異なった性質を持っているからだ。同情や共感を覚えても、他人にこう言っていいという理由にはならない。「私も同じ問題を抱えていました。だからあなたもこんなふうにすべきです」。何が最も効果的かを決められるのは、結局のところ、クライアントだけだということを支援者は覚えておくべきだ。したがって支援者には、それをクライアントが見つけられるように手を貸すことしかできないのである。

組織のコンサルタントにとって不可欠なのは、次の段階を考えることにクライアントを巻き込み続けることだ。支援者はどんな介入についても、その影響力を知ることはできない。コンタクト・クライアントだけが、組織内部の文化や政治情勢を把握している。したがって、次になすべきことの決定にクライアントは関わらねばならない。

仮にクライアントがこう言ってあなたに懇願したとしよう。「私は何をしたらいいんですか。あなたはよくご存知でしょう」。あなたの個人的な経験を提案や助言の基礎として用いる最もいい方法は、こんなふうに言うことだ。「私はあなたの立場にいるわけではありません。だから評価を下せるのはあなただけです。でも、似たような状況で、私にとって効果があったのはこんなことでした……」。目的は、状況についてクライアントが革新的に考える能力を妨げることなく、代替的解決策をいくつか提案することだ。支援者は「代替案を目の前に漂わせること」と「はっきり提案すること」との違いを認識すべきである。私の師《メンター》だったリチャード・ベッカードはよくこう言っていたものだ。

「もし、クライアントがあなたからの助言を執拗に求めたら、少なくとも二つの選択肢を与えなさい。そうすれば、クライアントはまだ選択しなければならないことになります」

原則7　すべての答えを得ることはできない。

年をとって、より経験を積めば積むほど、私は支援の方法を知っているという結論に飛びつくようになっていった。ペースを落とし、周りに注意を払うようになって初めてクライアントや状況のせいで、私には準備のできていないジレンマが生じることが多くなったと気づいた。私は支援者の役割を演じているから、自分の経験が解決に役立つと考えたい気持ちに駆られるのだ。自分が博識者だと信じ込んでしまう罠に陥り、解決策を作り上げてしまう。それが期待されていると感じるからである。しかし、そうした態度はほぼすべての場合、役に立たない助力となるだけだ。ときには、正しい選択肢が「問題を分かち合う」ことだと私は学んだのである。

コツ⑱　支援の対象となる問題を分かち合うこと。

自分で認めたいと思う以上に気づいたのだが、誰かを支援すべき状況に置かれたとき、次に何をすべきか突然わからなくなったことがある。こうした事態になった場合、一番いい方法はクライアントにこう言うことだ。「今の時点では私も行き詰まっています。お役に立つためには次に何をすべきかわかりません」。これによって、クライアントは力を与えられ、それが取り組むべき自分の問題であるという事実を認識するだろう。問題を分かち合うことは、控えめ《ハンブル》・な問いかけ《インクワイアリー》を明確に表すための別の方法なのだ。

まれなケースだが、クライアントがこんなふうに言い返す場合もある。「おいおい、私は答えをもらうためにほかならぬ報酬を払っているんだぞ」。そうなれば、支援者は代替案をいくつか並べ、次に自分がすべきことをはっきりとわからない理由を説明する。それによってクライアントはさらに進歩し、支援者への信頼性を強めるだろう。

◆最後に

この著書で私が行おうとしたのは、「支援」としてのさまざまな社会的プロセスを見直すことである。これには、信頼を築くこと、協調、協力、リーダーシップ、変革マネジメントが含まれている。

こうしたことを実行する中で、蟻について語るときでも、鳥や人間について語るときでも、支援があらゆる社会生活の中心であると私は認識するようになった。

だから、われわれが支援者としてもっと有能になれれば、誰にとっても人生がよりよいものになると思われるのだ。

解説

神戸大学大学院経営学研究科教授　金井壽宏

難しいことを平易に語る。深いことなのに軽妙に語る。これは、普通はなかなかできることではない。多読家として、文献を渉猟してはおられるのに、自説を支持する厖大な文献をひけらかすこともなく、シャイン先生は、その叡智をこのコンパクトな書籍に結晶している。本書は、助けを求める人（クライアント）にうまく接するため、著者が独自に編み出したプロセス・コンサルテーションに関わる著書として、六冊目にあたる書籍だ[*1]。

本書は、精緻な理論モデルを提示し、大量に集められた体系的なデータをもとに、その理論を厳密に検証することを目的とはしていない。私がよく使う言葉では、（裏付けのある）持論が開陳された書である。随所において、支援の望ましいあり方を実現するための原理・原則、実践のコツが語られ、さらに実践につながる会話例も豊富であり、自分ならどういう助けの言葉を述べるだろうかと考えながら読める。

クルト・レヴィンの教え[*2]に忠実に、しかし、無理はせずしなやかに、本当に実践に役立つ経営学を組織行動論の分野で開拓してきたシャイン先生ならではの叡智が、原理とコツという形で集大成されている。

そして、悲しいことではあるが、本書執筆中に亡くなった配偶者のメアリーさんに、本書は捧げられている。「支援について私が知っていることのすべてを教えてくれた妻、メアリーに」と献辞で述べられているように、シャイン先生に、相手に本当に役立つ支援とはどういうものかを、最も身近で教えてくれたのはメアリーさんであった。乳ガンと闘う妻の助けになりたいと思ったシャイン先生の看病経験における支援行為が、本書の中で例示として何カ所かで登場する。そこがまた心温まる素材でもある。

裏付けのある持論

人を助けるにはどうしたらいいのか。プロセス・コンサルテーションと呼ばれる支援の方法は、この問いへのシャイン先生一流の持論ではある。無手勝流の持論は、経験から導き出されるので、間違っていることもありえる。その点、シャイン先生には、研究者としてのキャリアゆえの、多数の諸理論による深い裏付けがある。

中でも、本書には、社会的経済学（と彼が呼ぶ社会学の交換理論）と社会劇場（と彼が呼ぶ異色の社会学者、アーヴィング・ゴッフマン流の世界）という理論枠組みがある。社会心理学と同等のウェイトが、社会学・人類学にも置かれている点が、学際的で実践的な社会科学書として興味深い。それでも、本書で提示されているのは、科学的で厳密な実証結果というよりも、豊かな経験から帰納され、文献の支持も得ている実践的持論（practical theory-in-use）と呼んでもいいものだと私は思う。社会秩序を維持する社会的経済学（social economics：人間関係、集団などにおけるより広義の交換、たとえば、いたわりと感謝、貢献と面子の交換などを含むという意味で、社会的経済学と呼ぶ）と日常の社会生活で役割を演じる社会劇場（social theater）という対比は、本書の特徴の一つであるといえる。

対人関係の本質をこの二面から捉える意味合いはどこにあるのか。社会的経済学の中では、支援は、社会関係の通貨（social currencies）だ。これは、市場経済よりは広い意味での交換関係の中で、たとえば、支援に対して、別の場面での支援を通じてお返しをすることもできる。また交換の中身を広くとると、たとえば師弟関係ならば、私がシャイン先生を尊敬し、先生が私をいたわってくれるとしたら、尊敬・憧れと、いたわり・ケアが交換される。文字どおりの通貨のように為替レートは計算できないが、社会関係を交換として捉える見方が、経済学だけでなく社会学の中にもあるのだ。

また、この社会的交換と関わりがあるのだが、われわれには、ともにいる人々との関係性において演じる役割がある。たとえば、家庭という舞台では親、教室という劇場では先生としてふるまい、子ども、学生の助けになろうとしている。そのような社会劇場の中での関係性において、支援者に対して感謝があって然るべきときにまったくそれがない場合、支援者は面子を失う。これが対人関係の演劇的側面を照射している。

しかし、face-saving（お金を貯めるのでなく、面子を大事に持つ）という言葉が、英語圏にも存在する。貯金ではないが、通貨のように信頼を貯めることはできる。また、注目する（pay attention）

の「ペイ（支払う）」という表現に見るように、面子に関わる社会劇場でも、社会的経済学という交換関係の側面が内在する。だから、関係性を支援で読み解く際、この社会経済と社会劇場という両面が不可分に存在するとシャイン先生は想定している。

本書をぜひお読みいただきたい読者層

さて、この新著は、いったいどのような人に読んでいただくべきだろうか。興味深いことに、本書籍によっては、Who should read this book と明示的に書き記すこともあるシャイン先生が、本書ではそういう野暮な問いは立てていない。みんなの問題として、支援という関係を捉えておられるからだろうか。読者層を特定できないほどに、皆に読んでほしいということであろうか。

助けたい人がいる、助けてほしいことが日常の生活にあるかぎり、本書が扱っているのは、誰もに当てはまる問題である。そのように承知しつつも、初めてシャイン先生の著作に触れる方々のためにも、監訳者として、さらにいえば、自分もまたこの著作の日本人読者でもあるという観点から、この国でこの本を読んでほしいと思う方々をイメージするとどうなるか、素描させていただきたい。

● 誰かを支援すること自体が仕事の一部、もしくは仕事のほとんどの部分となっている職種で活躍している方々（英語では、支援プロ、もしくは定訳では援助職［helping profession］といわれる方々）

――コンサルタント、ソーシャル・ワーカー、医者、看護師、介護福祉士。

◎前述と関連し、部分的にオーバーラップするが、従来の組織開発、ワークショップ、ファシリテーターなど、日本でもようやくにして市民権を得てきた実践的な介入*3（intervention）方法・技法に、思想的・哲学的にあきたらないと思っているビジネス界での組織開発の専門家、開発会議や企画、さらに街づくりの場でファシリテーターとして活躍する方々など、領域を問わず、各界のインターベンショニスト（介入のプロ）。

◎より若い世代、より未経験な人たちを指導、コーチする立場にある方々――小学校から中高等学校の教員、大学レベル・大学院レベル（未経験というよりは経験豊かな院生から成る社会人大学院も含めて）の教員、語学やパソコンのインストラクター、絵・習字や楽器など、習い事のお師匠さんたち、スポーツなどの世界のコーチやビジネスの世界のコーチ（特にエグゼクティブ・コーチを目指す人）にも、本書を薦めたいと思う。

◎子どもや恋人、配偶者ともっと実りある関係を樹立したいと思う方々、より若い世代も含め友人や恋人との関係をよりよくしたいと思う方々――著者が愛する人にこれを捧げているのだから、これまでの親学や恋愛指南書にあきたらないと思った親や若者たち、さらには年配の夫婦などにも、読んでいただきたい。

◎支援を受ける立場にいることが多いが、そのことで苛立つこと、大切に扱われていないと感じてしまう状況を改善したいと思う方々――医者にとっての患者、介護を受けている人、先生にとっての生徒・学生、師匠にとっての弟子、修行中のスポーツ選手やプロの世界でまだまだ未熟だと自覚している修行中のプレーヤーたち。これまで、親学やコーチングの指南書教授法はあっても、子学、生徒学、クライアント学というものはなかった。特に、学生たちには、人を支援する方法だけでなく、困ったときにうまく支援を受ける手だてを、原理・原則レベルから学んでほしい（たとえば、大学院ＭＢＡのゼミだけでなく、学部の金井ゼミ生、一般大学院の大学院金井ゼミ生には、今後は本書を必読書にしたい）。

●ややマニアックだが、通常の組織行動論ではなかなか実践に役立ちにくいと悩んでいるＭＢＡ修了者、経営学の最先端に触れたいといつも願っておられるようなプロジェクト・リーダーやライン・マネジャー、さらには経営幹部の方々、また学会で経営学、とりわけ組織行動の実践的な研究を目指している研究者の方々。支援学は、コーチングや交渉術などの分野と同様に、組織行動論を現実に役立てる分野なので、経営学のユーザーと経営学の研究・教育者にも本書を開いてみてほしい。経営学の先進的ユーザーとして、大勢の部下たち、顧客を支援する役割を持つ経営幹部、幹部候補、管理職の方々の座右にも置いてほしい。

シャイン『支援学』（本書）を通じてのシャイン経営学、シャイン組織心理学入門

シャイン経営学の世界への入門書として、本書を生かすという手もある。次のような体系の中に本書は根付いている。

経営学の中の一つの体系的な分野としての組織行動論
　その理論的淵源の一つが、シャインの組織心理学（基礎となる理論）

その応用的源泉の一つが、レヴィンのアクション・リサーチ（理論の応用）
アクション・リサーチの一環としてＮＴＬ（後述）で開花した組織開発（組織への応用）
組織開発の流派の一つとしてのプロセス・コンサルテーション（広範な応用）
プロセス・コンサルテーションから生まれたより身近な「支援学」（身近な応用まで含む）

経営というものは、常々、ヒト、モノ、カネから成り立つ。最近では、ヒト、モノ、カネに加えて、情報、知識も入るといわれてきた。その中で、特にヒトの問題に焦点を合わせるのが、経営学の中でも、組織行動論と人材マネジメント論ということになる。

組織行動論は、主として組織心理学、従になるが組織社会学の影響を受けて生まれた経営学の一分野である（このことを反映して、ＭＩＴスローン経営大学院の博士課程には、「組織と仕事の心理学」と「組織と仕事の社会学」というペアの科目が提供されている）。アメリカ経営学会の中で、組織行動論部会（OB Division）は、五五〇〇名のメンバーを擁する最大の部会となっている。組織行動論は、組織、集団における人間行動を扱うので、経営もつまるところ人の問題だと持ち上げられることもあるが、他方で、市場や財務と比べて、経営学の王道から逸れたマイナーな領域だと言われることもあり残念だ。関西弁でいうなら、「組織行動論って騒ぐけれどもなんぼのものやね」という具合に疑問が提示される。それでも私は、経営幹部になる人には、モティベーション、キャリア、リーダーシップは大事なテーマであると思う。そして、もう一つの柱ともなりうるヘルピングの学、つまり支援学も、大勢の人々に影響力を振るうことになる経営幹部や幹部候補の人には学んではしい。

本書は、組織行動論の碩学が、ともに生きる人々との関係を意味深く支援的《ヘルプフル》なものにするうえで実践に役立つ書籍として上梓された。

一人の生きる個人、働く個人として、避けては通れない大切な問題が支援学の中にある。「利益を生むためのマシンである会社」とか、「他者を蹴落としてでもがんばるぞという競争の世界」とか、「経営とはつまるところ、利益、儲け、お金の問題だ」とされてしまう経営学において、これから半世紀が過ぎるころには、組織行動論が、MBAの必須でなくなり、科目としても消滅しているかもしれない。もしそうであったとしても、組織行動論から生まれたシャイン流支援学が、一〇〇年経っても、二〇〇〇年経っても、心ある実践的な学問分野として生き残っていたらうれしい。

支援学に流れ込んでいくシャイン経営学の系譜

さて、組織心理学とその応用である組織開発に根付くシャイン経営学は、同調の研究、洗脳の研究、組織社会化の研究、キャリアの研究と診断技法の開発、プロセス・コンサルテーションの発明と実践、組織文化の研究と解読方法の開発を、相互に関連する形で内包し、かつ、これらの底流としてのアクション・リサーチ（組織開発における臨床的《クリニカル》アプローチ）を貫いてきた。以下、順次、その特徴を素描し、本書をきっかけにシャイン経営学に入門される人の手引きとしたい。

同調の研究――初めて聞く方々には、不思議に思われるかもしれないが、シャイン先生にとってては、個人や集団の変化の研究とは、同調や説得の研究に始まった。

同調の研究といえば、ソロモン・アッシュによる集団圧力の研究が一番よく知られているだろう。三本の線分を見せて、そこから一本を選び、先に見せた何番目の線分と長さが同じか識別してもらう実験である。一連の実験を通じて、被験者は、多数意見の影響を受けることが確認された。八名のグループがその長さの判定をするのだが、七番目に回答する人のみが本当の被験者で、ほかの人たちは皆、実験の協力者、つまりはサクラであった。自分が知覚した判断とは違っても、ほかのメンバーが平然と、しかも揃って自分とは違う判断をしていたら、かなりの比率で、同調行動が起こってしまう。

シャイン先生は、父親がシカゴ大学の物理学者だったため、自分もシカゴ大学に進むが、関心が物理学から心理学に向かい、シカゴ大学時代に、かのカール・ロジャーズの講義も聴かれたそうだ。修士課程は、場所を中西部から西海岸に移し、スタンフォード大学で社会的影響力と模倣の研究に没頭した。アッシュがこの分野の先駆者であるが、シャイン先生は、視覚ではなく、重さの知覚を対象に選んだ。われわれは荷物を持ったとき、「重いなぁ」とか「軽いなぁ」と、即座に判断してコメントする。その判断が集団状況ではどうなるかというのが研究課題であった。重さがどれくらいに達したときに、「軽い」が「重い」に変わっていくのか、そのプロセスで、集団の規範が、その判断にどのような影響を与えるかを見極めよう、という実験を実施した。ムザファー・シェリフがすでに光点の自動運動を用いて実証していたことだが、集団の意見に個人がどのように左右されるかを見るのが目的だった。予測どおり、学生を被験者に実験を行った結果、どのあたりで重さの軽重の判断が変わるかは、被験者が属する集団のほかのメンバーたちの判断に左右され、同調行動が起こることがわかった。これは、同調や模倣であるが、同時に、集団において、集団規範の影響で個人の考えが変わったという解釈もできる。

博士課程での研究のために、シャイン先生は、再度、学びの場所を変え、ハーバード大学の社会関係学部に籍を置いた。ハーバード大学での博士論文はスタンフォード大学の修士論文の延長上にあり、今度は、スクリーンに映し出された（曖昧にしか見えない）点の数を数え上げるという知覚の課題で、集団の影響を調べた。五人の集団を使って、実験的な操作としては、曖昧な知覚課題に対して、第二番目の人がいつも正しい判断をし、三番目、四番目、五番目の被験者の回答が、この第二番目の判断を模倣していく。これらの人はサクラなのだが、真の被験者も、第二番目の人の判断に同調していくことを見出した。しかし、興味あることに、認知的な判断ではなく、審美的な判断を実験課題にしたときには同調行動が低減した。点の数を見たとおりに語るのは、正解と間違いがある世界なので、同調、模倣が起こるが、どれが美しいかという審美的判断になると、人は、知覚的判断に比べて同調が少ないというのが、シャイン先生が実験社会心理学で博士となるときの発見であった。この研究は私が生まれた年（一九五四年）に、心理学の一流雑誌に掲載され、シャイン先生の学会デビュー作となった。[*4]

強制的説得（洗脳）の研究——ハーバードで博士を取得してから、シャイン先生は、ワシントト

ンDCにあるウォルターー・リード陸軍研究所における社会心理学・精神医学分野の研究員となった。ハーバード大学の社会関係学部と同様に、非常に学際的な機関であったため、ここに勤務できたことは幸運だったとシャイン先生自身も述懐しておられる。*5 この研究所には、たとえば、心理学者のレオン・フェスティンガーや、社会学者のアーヴィング・ゴッフマン（本書での「社会劇場」のメタファーに影響を与えている）が頻繁に訪れたそうで、ハーバードの社会関係学部と並ぶほどに学際的であった。この研究所にいた間の最大の成果は、強制的説得（coercive persuasion）の研究だった。エドワード・ハンターが「洗脳（brain washing）」と呼んだものを、シャイン先生は、臨床的な丁寧な聞きとり調査を通じて、「強制的説得（coercive persuasion）」と名付けて研究成果をまとめた。このテーマで書かれた論文も著書*6もともに高く評価された。論文の抜き刷りは、博士論文から公刊論文になった先の論文より、はるかに多く請求されたと聞いている。

朝鮮戦争のとき、北朝鮮を経て、中国共産党の捕虜になったアメリカ人兵士や文民の中には、共産党を支持して米国への帰還を拒否する者がいたり、また、文民の中には、スパイでなかったのに、スパイ行為をしたと告白する者までいたりした。いったい何が起こったのかをきちんと調べないと、無事に米国社会に戻しても、うまく再適応できないかもしれないという危惧があった。そのため、一団の学際的チームが、ウォルターー・リードから西海岸の基地へ、さらに東京、そして韓国に空輸されていった。何度もシャイン先生にそのときの話をお伺いしたが、私にはまるで映画のように思えた。東京についても、「ミッションは、追って沙汰する」ということで、どのような仕事に従事することになるのかは、現地に着くまで知らされなかったそうだ。

強制的に説得された人たちにいったい何が起こったのか、どのようにすれば、もとのようにアメリカ市民として帰国後もうまくやっていけるのか、それを調べるのがミッションであった。空路だと早く米国に戻りすぎるので、あえて海路により一六日間かかる航海で母国に向かうことになっていた。何が起こったか知るための十分なインタビュー調査と米国社会に再適応するための支援には、二週間強でも足りないと感じていた。そんなとき、幸か不幸か、シャイン先生の乗るはずの船の出航が、三週間遅れた。そこで、捕虜になって以後、いったい何が起こったのかについて、つぶさに聴きとり調査を開始した。「どのようなことがありましたか」「その次にはどのようなことがありましたか」というオープン・エンドで半構造的なインタビュー法（聞くべき基本となる問いはあるが、自由に話してもらうという臨床的なインタビュー法）が、このとき使用された。後に、この方法はさらに独自に発展させられ、キャリア研究のときにキャリア・アンカーのインタビュー・フォーマットとしても使用されるようになった。

何が起こったかについてストーリーを淡々と聞くという方法を通じて、今でこそ洗脳の方法としてよく知られているやり方が、初めて解明されていった。郵便の改竄、リーダー的人物の隔離、説得したメッセージの繰り返し、中でも、捕虜を独房でなく、すでに洗脳された仲間の囚人がいる雑居房に入れて、集団圧力を用いる方法が採用されていた。

強制的説得の調査は、先生が自ら計画したわけではなく、まったくの偶然で機会を得た調査であった。しかし、シャイン先生自身のキャリア上の歩みの中に位置づけると、ディープなところで、修士論文、博士論文での同調、模倣の研究と交叉している。

同調とは、つまるところ集団圧力によって、個人の考えが変わっていくプロセスだとも指摘したが、強制的説得は、政治的なイデオロギーの注入ではなく、心ある経営理念の浸透などで正しく用いられたら、組織開発の手法にもなりうる。もちろん、悪魔的思考にならないためには、強い倫理観・価値観に支えられている必要がある。シャイン先生が人間の深いどろどろしたところまで先に見定めたうえで、組織心理学をベースとした経営学者になったことに、読者のみなさんの注意を促したい。集団の持つ力によって、適応レベルや標準を変えてしまうことがありえるというのは、重さの判断、点の数の判断の実験を通じて、シャイン先生には土地勘のあるテーマだった。その現実的応用が、この強制的説得研究だったといえる。しかも、この時点からすでに、大陸で強制的に説得されてコミュニストとなってしまった人に、再び米国社会に適応するうえで、どのように接することが支援となるのか、この時点から、支援学的テーマが底流に流れていることに注意すべきであろう。

組織社会化の研究——その後、キャリアの次の節目として、シャイン先生は、コーネル大学の心理学部の教員になるか、クルト・レヴィンとダグラス・マクレガーのいるＭＩＴの（心理学部でなく）ビジネス・スクールの先生になるか迷ったが、ＭＩＴで実験研究をしたいという方向に傾いていった。ＭＩＴスローン経営大学院の実践的な環境、学際的な環境に憧れ、ＭＩＴに助教授として就職した。コーネル大学で実験社会心理学者をしていたら、今日われわれが知るシャイン経営学は生まれなかったであろう。

とはいえ、シャイン先生は経営学者としてトレーニングを受けたわけではない。それでも、心理学の応用によって、モティベーション、リーダーシップ、影響力、説得、コミュニケーションなどのテーマで、組織行動論の元になるような科目を設計することができる。早急に解決すべき問題は、教育面もさることながら、研究面である。

興味深いことに、中国共産党の洗脳に言及するindoctrination（ある教義＝ドクトリンを内面化させること）という言葉が、一部の企業研修所でも使われていた。たとえばGEでは当時、フォーマルではないかもしれないが、研修所に言及するとき、GEインドクトリネーション・センターという言葉が使われていたそうだ。そこで、国だけでなく、組織、中でも自信のある会社の人材開発部では、中国共産党の教育機関がコミュニズムの理想を強制的に説得したのと同様に、自分たちの会社の存在意義や価値観を、従業員に注入したいと思い、実際にそのような、ある種の強制的説得をしていることがわかった。

●キャリアの研究と診断——ここから、新たな経営学的なテーマがクローズアップされてきた。働く個人が入社後、入社した組織の価値観をどのように内面化して、その結果、個人の態度や行動がどのように変わるか。あえて強烈な表現を使わせてもらうと、会社はその会社が標榜する価値観を抱くように働く個人を洗脳できるか、を調べるというテーマである。そこで、組織社会化（organizational socialization）に関わる調査研究をスタートした。会社の側が自分たちの理念、提供している製品・サービス、独自の仕事のやり方に自信があるとしよう。当然、会社の考えを、やや強制的にでも、速やかに説得したいというのは、新人に組織や仕事に対してうまく適応してもらうための「支援」でもある。

この研究課題のために、一九六一年から一九六三年にMITを卒業して会社で働くようになった四四名のパネルデータ（同じ人に繰り返し調査をかける結果得られる継時的データ）を分析した。卒業してから、年数が経つごとに（半年後、一年後、五年後、一〇年から一二年後に）主として仕事の世界に入ってから遭遇した経験のストーリーに耳を傾けるインタビューを行い（五年目には、質問紙調査を実施）、組織が標榜する価値観が、これらの人たちの態度や行動に、どのような影響を与えているかを調べようとした。

ところが、組織の価値観を内面化する人もいれば、それほど影響されない人もいる。また、米国なので、会社ごとに変わる人もいる。調査結果は、このように入り組んだもので、一言でいえば、組織の側の個人に対する強制的説得としての組織社会化の実証としては、失敗研究だったともいえる。

しかし、思わぬ成果があった。それは、働く一人ひとりは、一〇年くらいかけて、同じ会社の中で仕事が変わった場合にも、またほかの会社に移った場合にも、個人として大切にしたい、仕事や会社が変わっても自分としてはどうしても犠牲にしたくないと思う大事なものを持つようになっていたのである。一〇年にわたるキャリアの中で、それを貫いていたら、それは、キャリアを歩む上でのいわば係留点《アンカー》となっていた。それがある人にとっては、専門性を極めることであったり、別の人にとっては、リーダーシップを発揮することであったり、さらに別の人にとっては、社会に貢献したりすることであったりするというわけで、いくつかの種類のキャリアの拠り所（後に、「キャリア・アンカー」として広く知られるようになる）があることがわかった。

キャリアの転機、節目に立ったときに、自分のキャリア・アンカーを知っていれば、進むべき道を選ぶ一助となる。また、一〇年以上、仕事の世界においてフルタイムで働いてきた人ならば、シャイン先生のキャリア・アンカーの質問紙調査とインタビューを受ければ、そのアンカーをより強い確信をもって知ることができるようになる。

ここでも、入口は、組織が個人に影響を与えるという立場から始まった研究だったが、仕事や組織が変わっても、個人がどうしても大切にしたいずっと貫いていくものとして、キャリア・アンカーのいくつかのカテゴリー[*7]が発見された。

シャイン先生は、広くはキャリア発達を支援し、より具体的にはキャリアの節目でとまどう人が選択をうまく行うのをキャリア・アンカー・エクササイズによって支援するという形で、キャリア・ダイナミクスというこの分野でも、支援学に磨きをかけることになる。

後年になって、シャイン先生は自分自身のキャリアを振り返りながら、創造的機会主義（creative opportunism）という考えを抱くようになったと回顧している[*8]。ここまでの同調の研究、洗脳の研究、組織社会化の研究、キャリアの研究も、一方で、自分に巡り巡ってきたチャンスには、身を任せ（金井が使う表現では、キャリア面で「ドリフト」し）、他方で、大事な場面では、長く自分がコミットすることになるテーマをしっかり自分で選んでいる（金井が使う表現では、キャリア面で節目だけは「デザイン」している）。このことは、さらに後のＤＥＣ社での組織文化とプロセス・コンサルテーションの実践的研究にも当てはまる。

キャリアの研究では個人のキャリア・アンカーを解読して、働く人を支援し、この後の組織文化の研究では組織の内部者たちだけではうまく解読できない組織文化を読み解くことを通じて、組織レベルでの介入という形で支援を行ってきた。このようにして、これまでシャイン先生がタッチしたあらゆるテーマの探求において、どこかで、支援学と急接近した時期があり、シャイン経営学の全体系が、支援学をベースにしているようなつくりになっていった。

プロセス・コンサルテーションの発明と実践——DEC（デジタル・イクウィップメント・コーポレーション）

はコンピュータ企業で、一九八〇年代末、MITのコンピュータ・プロジェクトからスピン・オフし、業界二位にまで躍進した伝説的ベンチャーであった。一九五七年に創業したこのニューベンチャーが、二年後にはコンサルティングを必要としていた。

その支援をシャイン先生にお願いした点が興味深い。もしも、創業者のケン・オルセンが、DEC社にとって、よりよい経営戦略を策定し実行するために、ビジネス・スクールの経営戦略の大家にコンサルティングを依頼していたとしたら、CEOが、専門知識に基づく回答を求めるようになる可能性が高い。そのアドバイスに従っていい戦略展開ができたと思ったなら、それ以後、新しい戦略展開を図るたびに、答え（つまり、過程でなく内容）を専門家に仰ぐことになってしまうかもしれない。

シャイン先生は、組織心理学とその応用である組織開発の専門家だが、経営戦略の専門家ではないので、DEC社が正しい戦略を策定するに際して、内容面で直接的な貢献はできない。しかし、内部者がよりよい議論を通じて正しい戦略を策定する道筋、つまり過程を生み出すことは、組織開発の立場から可能になる。ここから、本書にまでつながってくるプロセス・ファシリテーターもしくはプロセス・コンサルタントという支援職、およびプロセス・コンサルテーションと呼ばれる独自の組織開発手法（組織を変革したいクライアントを支援する方法でもある）が生まれていった。この方法は、今日、わが国でも注目されているコーチングやファシリテーションと関連はあるが、独立した起源を持つ方法論で、シャイン独自のものである。

組織文化の研究と解読——組織開発の分野におけるシャイン先生の貢献には、技術論だけでなく、クライアントが自律的に決められる人間になるように育つプロセスを生み出すほうが、頭ごなしに「こうあれ」と勧告するより望ましいという考え方、仮定がある。この考え方では、他人に代わりに考えてもらう依存的な人間に育ててしまうような支援よりも、自分で考えられる人間になるプロセスを同行するような支援を重視する。人間観としても自律を重視し、集団観、組織観としても、しっかり自律した諸個人が相互依存し、しっかり対話が起こるような集団や組織がより健全だとみなす。

組織文化を解読するためには、表層のレベルでは、物理的環境や人工的に創られたもの（DECの場合、ドアなどが除去されたオープンな職場）、中間のレベルでは、組織が大切にし、公言している価値観（DECはレイオフをしない——永続はしなかった価値観だが）、より深いレベルでは、この組織に長年いたらもはや当たり前だと思って疑うこともなくなり、自明視するようになった共通の仮定や発想法（DECでは、自分は何をなすべきか自分で考えないといけないという発想、You've got to figure it out の哲学）を解読しなければならない。

シャインの支援学のもう一つの土俵は、内部者だけでは解読することが難しい組織文化を、プロセス・コンサルタントとして接することによって、内部者とともに、解読することであった。プロセス・コンサルテーションとして、これを実施するということは、外部者で支援者であるシャイン先生が、「御社の組織文化は、こうですね」と決めつけて、頭ごなしに診断結果を押しつけるのでは決してない。そうではなく、先生が議論の場をつくりファシリテーターとなって、内部者が、組織文化を解読するプロセスをうまく設計するということであった。[*9]

このように、プロセス・コンサルテーションというシャイン先生独自の考え方は、本書で展開された支援学そのものの基盤をなしている。

文化のせいでうまく変われない会社もあれば、文化をうまく変化に生かせない会社もある。そのような会社の組織文化を、内部者とともに解読するのが、プロセス・コンサルテーションの真骨頂でもある。

支援実践の3モード

ここでは、シャイン先生が区別する支援のあり方の3モードをやや詳しく述べておこう。専門家と医師と呼ばれるほかの二つのモードと区別することを通じて、プロセス・コンサルテーションという独自の支援実践の様式がより明快になるであろう。

その3モードとは、①クライアントが必要としている具体的な知識や具体的なサービスという形で支援を与える専門家、②クライアントの状態を診断し、処方箋や専門的なサービスを与える医師、③実際に必要なものを判断するため、共同で調べることによってクライアントを参加させ、情報をすべて打ち明けてもらえるほどの信頼関係を築くプロセス・コンサルタントだ。それぞれについて、順次見ていこう。

モード① 情報やサービスを提供する専門家として役立つ人――専門家として役立つリソースとなる役割（Role1. The Expert Resource Role）であり、情報やサービスを提供する（provide information and service）。クライアントの側から見れば、専門知識の購入というモデルなので、「何でもいいから、助けてくれ」と丸投げしているわけではない。つまり、どこがおかしいか、どこに不足があるか、誰を訪ねればいいかがわかっている。誰に会うべきかわかっているし、会ったときにその専門家に何を尋ねるかもある程度自覚できている。

ただし、あとは、〈一緒に探す〉というのではなく、〈答えをくれる人を見つけて、報酬を払って、教えて〉といっているのだから、正解は、専門家が持っているものだという思い込みがある。しかし、現実には、社会や組織における複雑な問題は、専門家だから、「はい、答えは、これ」といえるとは限らないものも多い。そういうときには、プロセス・コンサルテーションを通じての共同問題解決を目指すことになる。

シャイン先生が、この役割に付けた名称として、本書以前に使ってきた言葉の一つに、内容の専門家（content expert）という表現がある。この内容《コンテント》というのが過程《プロセス》と対比されている。

モード②　診断して処方箋を出す医師――これは、喩えとしては病気になったときに医師が果たしてくれる役割（Role2. The Doctor Role）に近い。支援の中身は、主として診断と処方（diagnose and prescribe）ということになる。

調子が悪いので、助けてもらおうとして医者のところにくる人は、自分で問題解決するという気持ちは強くない。病気であるため、自分では治せないと思っている。だから、病院に医師を訪ねて助けを求める。病気だとわかっていても、どこが悪いかまでわかっているわけではない。

医師 - 患者モデルは、医師の側に権威があり、医療の専門知識が医師に備わり、医師のいる場に診断の器機があり、すべて患者に役立つ道具立てが揃っているように見える。しかし、支援学としてこれを見ると、専門家の助言を購入するというモード①のモデル以上に、プロセス・コンサルテーションという支援のモードからは最も遠いところに位置づけられる。

医師 - 患者モデルによる支援がうまく効果をあげるための条件は、本書一〇七頁を参照されたい。

モード③　公平な関係を築き、どのような支援が必要か明らかにするプロセス・コンサルタント――

プロセス・コンサルタントの役割（Role 3. The Process Consultant Role）が第三のモードで、この役割の支援者の特徴は、クライアントたちが解決にたどり着くプロセスを支援する点だ。

シャイン先生の支援をめぐる思考と実践の中では、内容《コンテント》が過程《プロセス》と対比されている。①と③は、しばしば、内容の専門家《コンテント・エキスパート》と過程の促進者《プロセス・ファシリテーター》というペアの表現で説明されてきた。シャイン先生は、自らが、基本的には、相手の助けとなれるように、ともにいるプロセスをうまく生み出してくれるという意味で、すぐれた過程促進者もしくはプロセス・コンサルタントであった。そして、内容の専門家としてコメントされるときには、役割が③から①に移行していることを自覚して、そうなさっていた。

このことを踏まえると、一番重要なことは、シャイン先生が、どのような場面、どのようなタイミングでは、内容の専門家としてクライアントと接し、また異なるどのような場面、タイミングでは、過程の促進者としてクライアントと共同するのがいいか、見極めの達人であったという点にあるのではないだろうか。

シャイン先生から学ぶべきことをすべて学んだつもりで私が留学先から帰国した後、日本の社会風土のせいか、大学が知識を伝授するところという決めつけがあるせいか、教員の側もプロセス・コンサルタント的に大学院生とともに学ぼうとする姿勢があまり見られなかった。あるいは、せっかく院生と話していても、どうすればいいかを聞き出すところ（過程）にたっぷりの時間をかけるより、相手に役立っていてもいなくても、まず、シャワーのように自分が知っていること（内容）をすべて相手に浴びせかけるという行動をとりがちだった。だから、「先生の弟子として情けない」とMITの博士を終了してから先生にまたお会いしたとき、正直に申し上げたら、概ね次のようなレッスンを私に授けてくれた。

「院生たち若手の研究者に対して、内容の専門家として接することは間違いではありません。大事なことは、いつ、内容の専門家から過程の促進者にスイッチするか、逆に、いつ過程をなす作業から、内容を伝える役割に戻るかを、うまく見極められることです。私のスローン・フェローの組織行動のコースで、TA（ティーチング・アシスタント）をしていたときのことを思い出してください。大学で教師をしているのですよ。DECでコンサルタントをしているのとは違います。組織行動について、たくさんの専門知識を持ち、それを受講生に伝えるのも、自分の役割です。ただし、それが一人ひとりの経験豊かなスローン・フェローというエグゼクティブMBAに相応しいものにするためには、受講生とのやり取りのプロセスにも敏感になって、一方的に講義するのではないように配慮する必要があるのです」と。[*10]

支援の3モードにたどり着いたシャイン先生の生い立ち

このように、一九五四年の処女論文以来、五五年に及ぶ研究業績を通じて、同調、洗脳、組織社会化、キャリア、組織文化などをテーマとして、方法としてはプロセス・コンサルテーションを、シャイン経営学として蓄積・展開してきた。

ここでは、シャイン先生の生い立ちを簡単に述べておこう。シャイン先生の家系は、元々ドイツで、祖父は銀行家、父親は、ハイデルベルグ大学、チューリッヒ大学（物理学で博士）を出て、後者の大学に勤務しているときに、ザクセンの土木技師の一人娘と一九二七年に結婚し、翌年に、シャイン先生が誕生した。生後六年間は、スイスのチューリッヒに過ごし、一九三三年に、家族は科学振興に力を入れるソ連に移り住むが、スターリン独裁の時代に入って再びチェコに逃れ、ヒットラーの台頭を機に、一九三八年には、ヨーロッパから米国に移り、父親はシカゴ大学のフェロー、後に正教授となった。

シャイン先生は、ドイツ語、ロシア語、チェコ語の環境で幼い時期を過ごしたため、シカゴでは、最初の一学期だけ余儀なく二年下の学年に入学したが、本来の学年に復帰してからは、英語の語学力も向上した。ある文化から別の文化に移ってきた亡命者的メンタリティが、文化の解読、社会化、支援に対する深く強い関心に関わっていると自己診断しておられる。父親の勤務するシカゴ大学では、物理学にも関心を持つが、あやうく落第しそうになり、ほかの分野を専攻する決心をしたそうだ。これで父親とは違う道を歩むと思ったものの、後に心理学の博士となり自らも大学教授になったとき、まずは専門性、後々には、より明確に自律性をキャリア・アンカーとするようになったシャイン先生は、分野は違っても職業・キャリアは父親と同じだという認識を持つようになった（専門的には、職種社会化 occupational socialization では父親の影響をうまく受けていることになる）。

学問への情熱と、基礎学問が社会にどのように関わるかという実践的問題への強い関心も父子の間で共通だった。父親のほうは、第二次世界対戦に入るころには、原子核分裂の研究に後々邁進する科学者集団に属していた。しかし、研究仲間の一団が原子爆弾の開発に従事する前には、原爆への核物理学の応用に反対だった父親は、このプロジェクトには当然のごとく参加しなかった。このエピソードは、基礎学問分野であっても、応用のしかたによっては、社会に役立つどころか、社会の害悪になりうることをシャイン先生に強く印象づけた。このような気づきは、基礎学問分野である心理学を組織・人事の問題に応用する立場に身を置くシャイン先生に、支援と倫理という視点を深いレベルで植えつけたことと思われる。

シャイン先生の人となりを示すいくつかのエピソード

脆弱性をめぐるエピソード（注目の効用）——助けを求めることは、相手に対して自分を脆弱《ヴェルネラブル》な立場に置くことを通常は意味する。その場合には、何らかの助けを求めてきた人の面子を台なしにすることなく、対応することが大事になる。支援する側は、ワンアップするため、人を助けるという優位でパワフルな立場だと見られ、支援される側は、ワンダウンと感じてしまい、助けてもらいたいという脆弱な立場に立っている。自分のそのような立場を、助けを求める発言によって、自ら相手に表明することになる。この関係の機微を、誰よりも支援する側がしっかり理解していないといけない。

たとえば、「助言がいただきたいのですが、少し時間《ア・ミニット》をいただけますか」と言われたとき、少なくとも米国の文化では、社会的な相互接触にまつわる文化的なルールからは、相手を尊重し、意味のある対応が必要となる。

そのために大事なコツの一つとして、今、支援を求めている人に対して、その場で時間が割けるなら、さっそく「もちろん、いいですよ。今ここに座って、まず話し合いましょう」といえば、相手を尊重することになるが、時間が避けないときには、どうすればいいか。ほかの用事が気がかりで、座って話し合おうといいつつ、うわの空でしか、助けを求める相手の言葉が聞けないのなら、また時間が気になって、本当に助けとなる前に話し合いを打ち切る可能性がありそうなら、「喜んで助けになりたいのですが、少し後にしてもらっていいですか。今○○している最中なのです」と回答するほうが誠実だというのがシャイン先生のお勧めだ。そうすれば、助けを求めた人のニーズをきちんと認めて、支援を求めたことに、まず注目するという形で相手を立てることにもなるという。このように、本書の特徴の一つは、支援をうまく実現するための原理・原則が述べられるだけでなく、具体的なコツ、さらには会話例までが示されていることだ。また、シャイン先生と身近で接してきた人ならわかるとおり、先生はその原理・原則を実際の場面で言行一致して、手本、見本を示されている。

●空港での待ち合わせミス時におけるエピソード——これは、前々回の来日時、つまり二〇〇〇年五月一九日、関西空港にシャイン先生と奥様のメアリーをお迎えに行ったときの大失策に関わる思い出である。予定の時間に到着ロビーの旅客が出てくるゲートでずっと待っていたのだが、シャイン先生夫妻の姿が見られなかった。慌てて案内カウンターに行ってフライトナンバーで調べてもらうと、もう到着しているといわれた。しかし旅行代理店からの旅程表には、関空着午後六時半と書いてあった。飛行機の本当の到着時間は、十六時半（午後四時半）だったのに、旅程表におそらく六時半と間違って、十八時半と記入してしまったのだろう。代理店の間違いとはいえ、せっかく時間に余裕を持ってお迎えにいったつもりなのに、すでに飛行機が到着してしまっており、焦った。もう一人のお迎え役の学会会長も名古屋からこちらに向かっていたが、同じ時間を想定しておられた。

間違いに気づくと到着ロビーを走り回った。見苦しいほど焦ってきょろきょろしながら。一往復して、もう一度、注意深く椅子などを確かめていると、やっと出会えた。先生のほうが私を見つけ、「どうした、こっちだよ」とおっしゃってくれたのだ。しかも、怒っているでも呆れているでもうろたえるでもなく、ニコニコしておられた。こちらは、平謝りで、「飛行機がずっと前についていると知って焦りました。本当にパニックでした。お待たせして本当に申し訳ありません。旅程表のコピーに間違いがありました。でも、私が航空会社にダブルチェックすべきでした」というような具合で申し上げた。ところが、シャイン先生の回答は、「こちらも焦ったよ。君がいなかったので。でも、じたばたしてもしかたがないので、ここに座ってテレビを見ていました。おかげで、日本に着くなり、二人でさっそく日本の相撲と野球をテレビ観戦できたよ」と、私がこれ以上落ち込まないようにいってくださった。ＭＩＴの名誉教授でこのようにいえる方が何名おられることか。また、きっと私が企業に勤務していて、空港までＶＩＰのお客様のお迎えに来ていたとしたら、クビだっただろう。この出来事は、今でもよく思い出す。直接の支援とは異なるが、困りかけている人を困りかけたままにさせないという意味では、すごい助け船だった。

さっそく、その日のうちに六甲山ホテルに行き、翌日は、天橋立にご一緒した。まったく出だしからすべて順調であるかのごとくシャイン先生は接してくださった。

●子どもの心遣いに気づかない心なき状態の父のエピソード――わが国のMBAも、神戸大学の専門職大学院も含め、高いレベルで認証評価を受けているところでは、決して簡単には、クラスの議論についていけないし、大変な圧力のもとで在学中の時期を過ごすことになる。

海外のMBAの場合には、語学的障壁もあり、準備にいっそう時間がかかり、また、スローン・フェローズのように、一年ちょっとで修士を獲得するプログラムは負荷がいっそう重い。そのために、海外に一緒に来ている家族にも、そのぴりぴり感が伝わってしまう。シャイン先生の組織行動の科目へのレポートで、ある日本人スローン・フェローズのMBAの人が、次のようなレポートを提出した。

毎日厖大な量の宿題やレポートがあり、それをこなすのに、多大な時間がとられる。そのため、集中してやっているときには、自分の部屋には入らないようにしてほしいと奥さんと子どもにお願いしした。そう頼んで間がないのに、書斎代わりに使っている部屋に子どもが来た。「父さんは忙しいので頼むから、この部屋を出て行ってくれ」と（怒鳴ったわけではないが）嘆願した。しかし、後でわかったことだが、子どもが母親とも相談して、私があまりに一生懸命なので、これからベッドに行くタイミングで、「パパ、がんばってね」「パパ、おやすみ」と、励みになり、ほっとする一言を言いにきただけだった。そのやり取りは、おそらく三〇秒もかからない。しかも、一日、子どもの姿を見て、うれしい一言を聞いて、子どもながらの思いやりや激励に感謝しつつ、「おやすみ、ありがとう」と言うべきだった。が、できなかった。もしも、そういう気持ちになれば、そのあともっと集中できたはずなのに。そのような余裕を失っていたために、「なんで子どもを入れたんだ」と妻を責め、また、「忙しいので出て行ってくれ」と子どもにいらいらと当たってしまったことを悔いた。

概ねレポートにはこのようなことが書かれていたそうだ。たとえ大人になっても、人とともに生きるということで、家族の中でも、簡単につまずくことがある。シャイン先生は、このレポートの、そうした気づきを描いている点に惹かれたそうだ。仕事やMBAを含む、そのほかの関係の中では、支援を受けているかもしれないのに、素直になれないことが多い。その中に、多忙さが絡んでいるときには、いっそう心が荒びがちだ。活躍する、向上心があるということは、どこかで自分を忙しい立場に持っていってしまう。よく言われることだが、忙しいという字は、心の状態を表す「りっしんべん（忄）」に「亡《な》い」と記すので、文字どおりには、心亡《な》き状態をいう。本来、子どもにサポーティブにふるまう立場にある父親がそうできないどころか、逆に、お父さんを元気づけようと思ってふるまった子どもの愛情を受けとめられない。これが心亡《な》き状態にあたる。このような気持ちが、将来、経営幹部になるときには貴重なのだとも示唆された。これを聞きながら、組織行動論という科目がどうして必要なのか、また考えさせられた。

組織行動論や支援学を学ぶ意味は、人との関係を生きる中で、心なき状態を、心ある状態に少しでも補正していく一助となることなのだ。

洋の東西を問わず注目すべき関係性・相互依存とそれらを解明する支援学

本書では、支援の微妙さに随所で触れられている。助けを求めてしまうことは、自分を小さく感じることだという人もいる。確かにそういう気持ちは誰にでも少しはあるだろう。また、病理的にお互いが相手に対して依存状態になる、出口のないバッドラブも困る。助け合うことで、ともにビッグになれるような関係がはるかにいい。互いに自律した人間同士が、自律性をないがしろにすることなく、お互いに助け合い、支え合えるなら、理想的だ。

この考えの基盤にあるのは、支援関係においては、支援する側が上位に、支援される側が下位に立っていることだ。客観的にはどうであれ、少なくとも気持ちのうえでは、そういう心理があるという認識である。

助けを求めることは、自分を脆弱な立場に導く。この「脆弱な」という形容詞は、vulnerableであるが、fragileという言葉とともに、私が敬愛するお二人、編集工学の松岡正剛さんも、慶應で社会起業家と学校問題を研究される金子郁容さんも、時代のキーワードだと言われる。支援を求めることが、それがうまくできる人が、相互作用の中で、またネットワークの中でいい人生、いい働き方を享受できる。

お互いに足らない部分があっても補完的につながれるなら、その関係はどこかで水平的な対等者のネットワークを思わせるものであり、垂直的なアップダウンと表現される世界とは異なる。

依存、他律、庇護的立場と比べれば、自立、自律、独立独歩、独り立ちが大事に決まっている。洋の東西を問わず、これらを目指して、まず大人になっていく第一ステップをくぐる。そういう発達の時期が誰にもある。

もちろん、生まれたときは依存的でいい。E・H・エリクソンを引くまでもなく、生まれてきた世界に信頼を抱き、希望を持って人生を始めるには、頼る存在が必要だ。ジョン・ボウルビィを引くまでもなく、母への愛着がそのころには大切で、授乳という名の食事一つをとっても、そもそもそうしないと生きていけない。やがて、幼児期、学童期になると、徐々に自分のことは自分で行い（たとえば、トイレット・トレーニング！）、さらに学校での勉強やスポーツ（や音楽のバンドなど）に打ち込むことを通じて、自律を学び始める。同時に、仲間たちとともに学ぶこと、ともにプレーすること、ときには競争をすることの楽しみを味わい始める。ここでも、自律しつつ共同できる人間になることが大事だと含意されているが、それを最も明示的に述べたのは、『7つの習慣』で名高いスティーブン・コヴィーだ——人の発達とは、つまるところ、依存から独立へ、そしてさらに独立から相互依存への道のりにほかならないと彼は考えた。

依存のときにも最も明示的に問題になるのが支援である。独立・自律するためには親や先生の支援がどこかで見え隠れし、そして、成人になっても、自律はしたが孤立したという陥穽に陥ってしまわないかぎり、うまく相互依存して生きていくことが望まれる。

また独立・自律したからといって、すべて「おれが」「私が」で通したら、身がすり減ってしまう。誰もが、頼りになる盟友を持ち、誰もが、誰かに頼られる存在であるのが、社会の成り立ちの基本だという考えが、本書にはある。著者が心理学者でありながら、社会学にもつねに傾斜して関心を深めている理由は、集団、組織、社会の中での人と人の関係という視点から、支援学を構想するからにほかならない。

助けを求めることが依存になるだけでなく、水平的な同輩関係にも必要で、健全な相互依存なら悪くないという発想については、私はシャイン先生自身の価値観、たとえばDECなどの組織文化、さらには、メアリーとの夫婦関係などからも感じとることができた。

それは、日本人にとってはどのような意味を持っているのだろうか。

日本人にとっての支援学と関係性・相互依存

本書における日本社会への言及にもこだわってみよう。日常語を見てみると、まず、日米を問わず、Someone to lean on（困ったとき頼りになる人）という表現や、You can count on me（私を頼りにしてもいいよ）といった表現が、英語圏、アングロサクソン系の人たちの間でも存在する。

「でも」といったのは、もともと関係性の中で生きることは、この国の十八番であり、しかも、それが今綻びかけているのではないかという点に触れておきたいからだ。精神病理学者の木村敏氏は、人と人の間が人間理解の基本だと述べ[*11]、社会学者の浜口恵俊氏は、ながらく、アングロサクソンの個人主義に対して、日本は「間人主義」の社会だと特徴づけ[*12]、日本人にとってのキャリアは、社会的脈絡《ソーシャルネクサス》と呼ばれる関係性に根付いていると結論した[*13]。

ユンギアンとして世界に向けて日本の良さと日本病の両方を、心理療法家として発信し続けた元文化庁長官の河合隼雄先生の英文の著作では、新造語だがイーチネス（eachness）という言葉が登場する。われわれ日本人には、個性（individuality）がないなどと暴論する海外の学者がいるが、河合先生は、「日本人に個性がないのではなく、違うタイプの個性が存在する。同様に、日本人は創造性に乏しいという海外からの声も聞こえるが、それも、日本人に創造性がないのでなく、異なる種類の創造性があると考えるのがよい」と、常々、主張されてきた。Individual（個人）とは、もはやそれ以上、分割（divide）できない存在である。それに対して、それぞれの私の横顔ともいうべきeachnessは、関係性の中の私を照射する造語だ。講演で、河合先生は、「文化庁長官として、〈わたくしは〉と語り、古くからの親友には、〈おれは〉と語り、家では、主語もなく〈ビールね〉と語る――まさか、帰宅してから〈わたくしビールを所望します〉とはいわないだろう」と二〇〇六年の六甲会議で話された。ゴフマンからシャインへと継承された「社会的」経済学の「社会的」つまり関係性にかかわる機微は、そもそも日本社会でより濃厚だったはずだ。

シャイン先生と日本との関係だが、まず、MITスローン経営大学院におけるエグゼクティブMBAプログラムであるスローン・フェローズに、毎年、四、五名程度の日本人院生（部長クラス）が来られ、退官されるまで、先生は、組織行動の科目で、キャリア・アンカーやプロセス・コンサルテーションの議論の輪の中で、日本人院生の言動に触れてきた（一般のMBAの組織行動論は、別の四名の教員が担当していて、シャイン先生は直接接することは稀であったが、それでも、一九八〇年代当時は、毎年一〇名近くの日本人MBAがスローンにいた）。私がMITに留学する一〇年前に高宮誠先生が、また私の留学後は日本からの博士課程留学生が絶えずスローンにいたこと、さらには、日本研究者で社会学者のエリノア・ウェストニー教授が同僚としておられたことが、シャイン先生に日本について考察する機会を提供してきた。

またシャイン先生が何度か来日されて、キャリアや組織文化について、議論する場があるときに、いつも、日米ともに成り立つことと合わせて、際立って日本的な特徴だと見られるものについて、公の場でも、プライベートの場でも、よく話し合ったものだ。違いばかり強調するのは問題だろうが、本書で、日本に言及のあるところは、日本人の読者なら、自然と目がいき、本書の記述に賛同しても、異なる意見を持つとしても、考えるきっかけとなることであろう。

「人間」という言葉は、存在のほうに力点をおく、human beingという英語に比べると、人と人の間にいる関係性の中で「人のありよう」を捉えている。「世間」も一人からではなく、複数の人々から成り立つ関係を、とりわけ、男女の仲を指す時期もあった。

そんな日本人だから、なおのこと、この支援学をいい形でマスターして、今度は、世界に向けて、日本型の叡智を発信したいものだ。

原理に支えられた生き方

人との関係をうまく生き抜き、必要な場面ではリーダーシップをとったり、仕事、プライベートの両方の場面でうまく支援ができたりする人々、つまり対人関係、リーダーシップやコーチングなど、支援の達人のすべてが、自分がうまくできる理由を言語化できているわけではない。

だからこそ、原理・原則にまで言及するような書籍が貴重なのである。本書は、シャイン先生自身の経験から生まれ、それに支えられた持論ではあるが、同時に、社会経済と社会劇場という理論に裏付けられた実践的なセオリー（practical theory-in-use）となっている。そして、本書の随所で、とりわけ最終章ではその原理・原則とコツがうまく説明されている。さらに、本書の興味深い特徴は、支援者が実際に使用できるように、「このような場面ではこう言ってみる」という現場感覚のある会話例が散りばめられているところだ。この特徴を生かせば、人の助け方、助けてもらい方について、確かに学問的裏付けのある支援の学が成り立つことが実感できるだろう。

私自身は、このような原理・原則に支えられた生き方に強く憧れるし、それに実践面でも近づきたいと思っている。また、リーダーシップ研究者として、経営幹部になるような人には、実践的な持論を持つことをこれまで推奨してきた。原理・原則を持つ生き方、持論に支えられながら、支援が必要な場面でぶれない、正しい行動をとるきっかけになると信じて、本書を送り出したい。その際、持論でありながら、極端な我流、自己流、的外れな無手勝流に陥らないことが肝要だ。組織心理学や組織開発という学問、その応用を土台に持つような持論を形成する素材が本書には満ちあふれている。

最後になるが、解説を幕とするに際して、家庭、学校、会社、そのほかの組織、さらに社会全体の中で、指導的な立場に立つ人には、原理に支えられた生き方をしながら、指導、支援する場面でも、正しい発想で正しい行動がとれるように、本書を生かしてほしい。

なお、前著[*14]におけるシャイン先生の到達点は、いわゆる「プロセス・コンサルテーションの一〇原則」として知られているが、その一〇原則は述べられることがなかった。この解説では、読者の実践に対するご参考のために、また本書の第九章とも照合したいと思われる知的好奇心をお持ちの方のために、私自身がある機会に要約したものを、ここに再録することにしたい。

原則 6　流れに沿って進む。 Go with the flow.

あらゆるクライアントの会社は、組織文化を発達させており、その文化を維持することによって、会社としての安定性を維持しようとしている。また、クライアントとなるあらゆる個々人もまた、自分自身のパーソナリティ（性格）やスタイルを発達させている。これらの文化にまつわる現実や個性にまつわる現実を当初は知ることができないので、その分、クライアントのどの領域をいじれば、モティベーションが高まり、変革を起こす気になるのかを突き止めないといけない。この敏感な領域に最初は、大きく依拠することになる。

原則 7　タイミングがすごく大事。 Timing is crucial.

どのような介入（ゆさぶり）も、ある時点ではうまくいっても、他の時点ではうまくいかないということがある。したがって、クライアントの注意がこちらに向くときには、いつ何時も診断を心がけ、タイミングのいい瞬間を見つけるようにしなければならない。

原則 8　介入で対立が生じたときには、積極的に解決の機会を捉えよ。
Be constructively opportunistic with confrontive interventions.

どのようなクライアント会社でも、変革を起こそうというやる気がみなぎる領域、つまり、不安定でオープンな領域があるものだ。（流れに沿って進みながらも）変革する気や文化面での強みがその会社に存在するならば、それを見つけて、踏み台にしない手はない。同時に、新たな洞察と、代替案を生み出す機会を逃さないようにしなければならない。流れに沿って進むとはいっても、そのことは、介入（ゆさぶり）に伴う何らかの危険と裏腹なのだ。

原則 9　何もかもがデータだと心得よ。誤謬はいつも起こるし、誤謬は、学習の重要な源泉だ。
Everything is data; Errors will always occure and are the prime source for learning.

上記の原則をどんなに注意深く守っていても、私が話すことや行動することは、クライアント会社の中に、予期せぬ反応や、望まぬ反応を生み出すことがある。私は、それらの反応から学ぶようにしなければならないし、何があっても、保身的になったり、恥や罪を感じたりしてはいけない。クライアントの現実についてどんなによく知っていても、誤謬を起こさないほど充分に知ることなどできない。誤謬の一つずつが、何らかの反応を引き起こし、その結果、クライアントの現実をもっとよく学んでいくことができるのだ。

原則 10　どうしていいかわからなくなったら、問題を話し合おう。
When in doubt, share the problem.

次にどのような手を打てばいいのか、どのような介入（ゆさぶり）が適切なのかがわからない状況に置かれることがよくある。このような状況では、問題をクライアントと話し合って、次にどのような手を打つのかの決定に、クライアントを巻き込むのが適切な場合もしばしばだ。

出所　エドガー・H・シャイン＝金井壽宏「洗脳から組織のセラピーまで――その心はヘルプフル」『CREO』（神鋼ヒューマン・クリエイト刊）22－23頁。

プロセス・コンサルテーション 10の原則

原則1　絶えず人の役に立とうと心がける。 Always try to be helpful.

コンサルテーションとは、役に立つことをすることだ。したがって、役に立とうという意図もなく、役立つことを目指していないのなら、人の助けになるような関係をうまく生み出すことなどおぼつかないことは明らかだ。可能なら、あらゆる接触が、相手にとって役に立つと思われるようにしたいものだ。

原則2　今の自分が直面する現実からけっして遊離しないようにする。 Always stay in touch with the current reality.

私の中で、またクライアントの会社の中で生じている現実というものがわかっていなかったら、人の役に立つことなどできない。したがって、クライアントの会社の誰に対するどのような接触においても、診断に役立つ情報が手に入るはずだ。その情報は、クライアントの会社の、「今、ここ」における状態、また、クライアントと私の関係における「今、ここ」の状態について、クライアントと私に対して教えてくれる情報なのだ。

原則3　自分の無知を実感する。 Access your ignorance.

私が自分自身の内なる現実というものを見出す唯一の方法は、知っていることと知っているつもりになっていることの区別や、知っていることとほんとうは知らないことの区別を学ぶことだ。置かれた状況から遊離して、状況を調べるだけの智恵がなければ、私は、当面する現実がいったいなんであるのかを決めることができない。

原則4　あなたがどんなことを行っても、それは介入、もしくはゆさぶりになる。 Everything you do is intervention.

どのような相互接触も、診断に役立つ情報をもたらしてくれる。ちょうどそれと同じように、どのような相互接触も、クライアントと私の双方にとって、何らかの影響をもたらす。したがって、私は、自分がやっていることをよく見極めて、結果として相手に役立つ関係を創り出すという私の目的にかなったものが招来されているか評価しなければならない。

原則5　問題を自分の問題として当事者意識を持って受け止め、解決も自分なりの解決として編み出していくのは、あくまでクライアントだ。 It is the client who owns the problem and solution.

私の職務は、クライアントに役立つ関係を創り出すことだ。クライアントの問題を私自身の肩に背負い込むのは、私の職務ではない。私が生きている場ではない状況に対して、助言や解決を提供するのもまた、私の職務ではない。問題とその解決によって結果がどのようであるにせよ、それをしっかり受け止めるのは、クライアントなのだというのが現実だ。だから、クライアントが厄介に思うものを肩から除去すればいいというわけではない。

8 Edgar H. Schein (1993). "The academic as artist: Personal and professional roots." In *Management Laureates: A Collection of Autobiographical Essays*. Greenwich, CN: JAI Press, pp.31-62.

9 組織文化を内部者と共同で解読する方法については次を参照。Edgar H. Schein (1999). *The Corporate Culture: Survival Guide*. San Francisco, CA: Jossey-Bass(金井壽宏監訳、尾川丈一・片山佳代子訳『起業文化——生き残りの指針』白桃書房、2004年)

10 この点の議論については、次の対談に詳しい。エドガー・H・シャイン=金井壽宏(2000)「洗脳から組織のセラピーまで——その心は『ヘルプフル』——」『CREO—— Special Issue　特集　MITスローン経営大学院名誉教授エドガー・H・シャイン特集』(神鋼ヒューマン・クリエイト刊)第12巻第2号(通巻26号)1-43頁、特に、20-25頁

11 木村敏著『人と人の間』(弘文堂、1972年)

12 浜口恵俊著『間人社会の国日本』(東洋経済新報社、1982年)

13 浜口恵俊著『日本人にとってキャリアとは』(日本経済新聞社、1979年)

14 *Process Consultation Revisited: Building the Helping Relationship*. Reading, MA: Addison-Wesley, 1999.(稲葉元吉・尾川丈一訳『プロセス・コンサルテーション——援助関係を築くこと』白桃書房、2002年)

解説　注

1　本書に至るまで、著者が、クライアントに役立つ、個人、集団、組織に対する支援について書いてきた書籍の情報と（ある場合には）翻訳書にまつわる情報は、以下にリストするとおりである。

・*Process Consultation: Its Role in Organization Development,* Reading, MA: Addison-Wesley. 1969.（高橋達男訳『職場ぐるみ訓練の進め方』産業能率短期大学出版部、1972年）

・*Process Consultation, Volume I: Its Role in Organization Development.* Reading, MA: Addison-Wesley. 1988.（稲葉元吉・稲葉祐之・岩崎靖訳『新しい人間管理と問題解決――プロセス・コンサルテーションが組織を変える』産能大学出版部、1993年）

・*Process Consultation Volume II: Lessons for Mangers and Consultants.* Reading, MA: Addison-Wesley. 1987.

・*The Clinical Perspective in Fieldwork,* Beverly Hills, CA: Sage. *Process Consultation Revisited: Building the Helping Relationship.* Reading, MA: Addison-Wesley, 1999.（稲葉元吉・尾川丈一訳『プロセス・コンサルテーション――援助関係を築くこと』白桃書房、2002年）

2　ナチスの時代に、米国に亡命し、MIT、アイオワ大学、ミシガン大学で、グループダイナミクス、リーダーシップの研究に大きな刺激を与えたのが、クルト・レヴィンである。その言葉でよく知られているのが、「よい理論ほど実践的なものはない」という言葉と、「人から成り立つシステムを理解する最良の方法は、それを変えてみようとすることである」という標語である。

3　相手の役に立つように、何かに手を加える所作を、「介入」と訳してきたのは不幸な歴史だ。「ゆさぶる」「働きかけ」などといった言葉のほうが私はいいと思っているが、臨床系の世界では、interventionの定訳が、「介入」として流通してしまっているので、ここでもそれに従っている。

4　Edgar H. Schein（1954）. "The effect of reward on adult imitative behavior." *Journal of Abnormal and Social Psychology*, 49: 389-395.

5　Edgar H. Schein（2008）."From Brainwashing to Organization Therapy." In Thomas G. Cummings, Ed., *Handbook of Organization Development*, Los Angeles: Sage, pp.39-52.

6　論文のほうは、Edgar H. Schein（1956）. "The Chinese indoctrination program for prisoners of war: A study of attempted brainwashing." *Psychiatry*, 19: 149-172. 著書のほうは、何度読み返しても、強烈に興味深い書籍なので、ぜひいつか古典として翻訳が出たらと願っている労作だが、次のとおり。Edgar H. Schein with Inge Schneier and Curtis H. Barker（1961）. *Coercive Persuasion: A Socio-psychological Analysis of the "Brainwashing" of American Civilian Prisoners by the Chinese Communists.* New York, NY: W.W. Norton and Company.

7　初期の研究では、管理能力、専門技術能力、安定（保障）、自律、創造性、の5カテゴリー（二村敏子、三善勝代訳『キャリア・ダイナミクス』白桃書房、1991年）で、後には、専門能力、ジェネラル・マネジャーとしての能力、・独立、保障・安定、起業家的挑戦、奉仕・社会貢献、純粋な挑戦、生活様式（仕事と家庭の両立）の8カテゴリー（Edgar H.Schein（1990）. *Career Anchors: Discovering Your Real Values*, Revised ed,San Francisco, CA: Jossey-Bass/Pfeiffer（金井壽宏訳『キャリア・アンカー――自分の法統の価値を発見しよう』白桃書房、2003年）が見つかった。

■3　成功する支援関係とは？

転移（p.075/083）；

フロイトの精神分析の用語で、クライアント（被分析者）が、カウンセラーやセラピスト（精神分析なら分析家）に対して、自分にとって過去に重要だった人物、たとえば父親に感じた感情や態度を持つようになることを、「転移（transference）」という。それが積極的な感情なら「陽性転移」、否定的な感情なら「陰性転移」と呼ばれる。また精神分析の治療関係の中で、分析家が被分析者に対して憎しみや愛情を感じることを「逆転移」という。逆転移は治療の効果にまで作用するので、通常、分析家自身も精神分析（教育分析）を受けることになっている。

■5　控えめな問いかけ

建設的機会主義（p.136）；

学説的に、キャリアは常に自分で主体的に選びとったほうがいいという考えと、偶然を活かして好機をつかむのがいいという考えがある。また個人と組織の関係においても、個人が組織に従う面と、組織が個人に働きかける（極端なときには反発する）面とがある。われわれは、長いキャリアをすべて自分の思うままに選択はできないが、他方で、すべてが偶然と運命に翻弄されているわけでもない。うまく機会を捉え、偶然の機会の中に、自分のやりたいことを見出すことがある。これをシャイン先生は、自叙伝で「創造的機会主義」と呼んでいる。

タビストック人間関係研究所（p.140）；

英国における精神病理学や臨床心理学のセンターであり、戦後は、戦時中のシェルショックの研究などが行われた。ロンドンに位置する。中年の危機・公正な給与の研究、精神分析の社会組織への応用を提唱したエリオット・ジャックスによる設立。

■8　支援するリーダーと組織というクライアント

解凍（p.223）；

クルト・レヴィンは、組織変革の基礎理論として、解凍→変革→再凍結というプロセスを想定した。食習慣の変更から、より大規模な組織の変革においても、このプロセスが踏まれる。シャイン先生にとっては、キャリアの初期における中国共産党の洗脳の研究で、この解凍→変革→再凍結モデルを採用した。現代の新興宗教などにおけるマインド・コントロールにまで、このモデルはさらに援用されている。

■ まえがき

社会関係学部（p.015）；

学問の分業、細分化が行き過ぎると、大学での教育・研究が、本来、関連がありつながっていたほうがいい分野まで、ばらばらに分断されてしまいがちだ。マッカーシー旋風のとき、行動主義という言葉が好まれ、社会学、人類学、心理学、経済学などが学問横断的に含まれ、「学際的」という言葉がもてはやされたこともある。しかし、これは純粋な学問的な動きというよりも、政治の要請と、財団の資金を導入するための適応的反応に過ぎなかった。その点、このような動きに先立ち、第2次世界大戦が終わった年にハーバードで新設された社会関係学部（department of social relations）は、社会関係を扱うという、より大きな傘の下に参集した画期的な試みであった。一方で、シカゴ大学社会学部は、調査対象の選択に柔軟であったという意味で画期的であった。つまり、社会人類学、文化人類学の研究者とは未開民族の民族誌的研究をするものだと思っている人たちが大半だった時代に、シカゴの街でジャズ・ミュージシャンや教師、浮浪者などの民族誌に乗り出したのだ。シャイン先生が、この書籍で、心理学だけでなく社会学の発想も重視しているのは、シカゴ大学で学部を過ごし、ハーバード大学では、社会関係学部にいたことが多分に影響している。

NTL（p.015）；

MITにおけるグループ・ダイナミクス研究センター長であったクルト・レヴィンは、1946年、自分やほかの人々の理解や感受性を高めるには、ファシリテーター（内容に指示は出さないトレーナー）付きの集団討議（後にT-グループと呼ばれる方法）が適切であると結論した。この考えを受けて、米国のメイン州のベセルに創設された機関は、当初は、グループ開発のナショナル・トレーニング・ラボラトリー（NTL——後に、応用行動科学のNTLインスティチュート［NTL Institute for Applied Behavioral Science］となる）と呼ばれ、今では60年以上の伝統を持つ。米国屈指の研修・学習の機関で、MITにおけるメンターであったダグラス・マクレガーの招きで、シャイン先生もキャリアの早い時期から出入りした。講義や課題講読以上に、集団での議論を重視するT-グループに始まり、プロセス・コンサルテーションを含む多種多様な組織開発の方法やリーダーシップ育成のプログラムを実施してきた。また特定の組織向けのテイラーメイドのプログラムも作っている。NTLは、グループ・ダイナミクスの教育だけでなく、自らファシリテーターになれるようなトレーナーそのものの育成も行う機関であり、訓練プログラムだけでなく、資格付与（サーティフィケート）プログラム、修士の学位を出すプログラムもある。人材マネジメント、組織有効性、チーム・パフォーマンス、コンサルテーションの方法、ダイバーシティ関係まで、守備範囲は広い。経営学でよく知られている人では、マクレガー、シャインだけでなく、ウォレン・ベニス、また組織開発に影響を与えた社会技術システム論のA.K.ライスもNTLで教えた。

■ 2　経済と演劇

面目保持（p.059）；

日本人に特有のことと思われがちだが、儀礼的相互行為によって、相手の顔をお互いに立てるという心遣いは日本だけのことではない。米国など英語圏にも、lose face, save face という表現があり、社会学者のアーヴィング・ゴッフマンは、社会的相互関係における儀礼的要素を「面目に関わる所作（face work）」として捉えた。シャイン先生は、シカゴ大学時代、またウォルター・リード研究所の時代に、しばしばゲストとして研究所に招聘されたゴフマンと直接接しており、影響を受けている。

2 Schein, E. H. *Process Consultation Revisited.* ［エドガー・H. シャイン著『プロセス・コンサルテーション：援助関係を築くこと』］

■4 支援の種類

1 Schein, E. H. *Process Consultation Revisited.* ［エドガー・H. シャイン著『プロセス・コンサルテーション：援助関係を築くこと』］

2 Schein, E. H. *Process Consultation Revisited.* ［エドガー・H. シャイン著『プロセス・コンサルテーション：援助関係を築くこと』］

3 Schein, E. H. 2004. *Organizational Culture and Leadership, 3rd ed.* San Francisco: Jossey-Bass. ［エドガー・H. シャイン著、清水紀彦・浜田幸雄訳『組織文化とリーダーシップ：リーダーは文化をどう変革するか』（ダイヤモンド社、1989年）］

4 Schein, E. H. *Process Consultation.* ［エドガー・H. シャイン著『新しい人間管理と問題解決：プロセス・コンサルテーションが組織を変える』］

Schein, E. H. *Process Consultation Revisited.* ［エドガー・H. シャイン著『プロセス・コンサルテーション：援助関係を築くこと』］

■6 「問いかけ」を活用する

1 Schein, E. H. *Process Consultation Revisited.* ［エドガー・H. シャイン著『プロセス・コンサルテーション：援助関係を築くこと』］

2 Schein, E. H. Process Consultation Revisited. ［エドガー・H. シャイン著『プロセス・コンサルテーション：援助関係を築くこと』］

3 Schein, E. H. Process Consultation Revisited. ［エドガー・H. シャイン著『プロセス・コンサルテーション：援助関係を築くこと』］

■7 チームワークの本質とは？

1 Edmondson, A. C., R.M. Bohmer, and G.P. Pisano. 2001. "Disrupted routines: Team learning and new technology implementation in hospitals. "Administrative Science Quarterly, 46: 685-716.

2 Edmondson, A. C., R.M. Bohmer, and G.P. Pisano. "Disrupted routines: Team learning and new technology implementation in hospitals. "

■8 支援するリーダーと組織というクライアント

1 Schein, E. H. *Organizational Culture and Leadership, 3rd ed.* ［エドガー・H. シャイン著『組織文化とリーダーシップ：リーダーは文化をどう変革するか』］

2 Snook, S. A. 2000. *Friendly Fire.* Princeton, N.J.: Princeton University Press.

3 Schein, E. H. *Process Consultation Revisited.* ［エドガー・H. シャイン著『プロセス・コンサルテーション：援助関係を築くこと』］

4 Gawande, A. 2007. *Better.* New York: Metropolitan Books.

原注

■ まえがき

1 Cooley, C.H. 1922. *Human Nature and the Social Order.* New York: Charles Scribner & Sons.

2 Mead, G. H. 1934. *Mind, Self and Society.* Ed. Charles W. Morris. University of Chicago Press. ［G. H. ミード著、稲葉三千男・滝沢正樹・中野収訳『精神・自我・社会』（青木書店、2005年）］

3 Hughes, E. 1958. *Men and Their Work.* Glencoe, Il.: Free Press.

4 Blumer, H. 1971. *Symbolic Interactionism.* Englewood Cliffs, N.J..: Prentice Hall. ［H. ブルーマー著、後藤将之訳『シンボリック相互作用論：パースペクティヴと方法』（勁草書房、1991年）］

5 Goffman, E. 1959. *The Presentation of Self in Everyday Life.* New York: Doubleday Anchor. ［E. ゴッフマン著、石黒毅訳『行為と演技：日常生活における自己呈示』（誠信書房、1985年）］

——.1963. *Behavior in Public Places.* New York: Free Press. ［E. ゴッフマン著、丸木恵祐・本名信行訳『集まりの構造：新しい日常行動論を求めて』（誠信書房、1980年）］

——. 1967. *Interaction Ritual.* New York: Pantheon. ［E. ゴッフマン著、浅野敏夫訳『儀礼としての相互行為：対面行動の社会学』（法政大学出版局、2002年）］

6 Van Maanen, J. 1979. "The self, the situation and the rules of interpersonal relations" in *Essays in Interpersonal Dynamics,* edited by W. Bennis, J. Van Maanen, E. H. Schein, and F. I. Steele.

7 Schein, E. H. 1969. *Process Consultation.* Reading, Mass.: Addison- Wesley. ［エドガー・H. シャイン著、稲葉元吉・稲葉祐之・岩崎靖訳『新しい人間管理と問題解決：プロセス・コンサルテーションが組織を変える』（産能大学出版部、1993年）］

——. 1999. *Process Consultation Revisited.* Englewood Cliffs, N.J.: Prentice-Hall. ［エドガー・H.シャイン著、稲葉元吉・尾川丈一訳『プロセス・コンサルテーション：援助関係を築くこと』（白桃書房、2002年）］

8 Potter, S. 1950. *Gamesmanship.* New York: Henry Holt & Co.

9 Potter, S. 1951. *One-upmanship.* New York: Henry Holt & Co.

10 Ellen J. Langer. 1989. *Mindfulness.* MA: Addison Wesley Publishing Company. ［エレン・ランガー著、斎藤茂太訳『心はマインド…：“やわらかく”生きるために』（日本実業出版社、1989年）］

■ 2　経済と演劇

1 Goffman, E. *Interaction Ritual.* ［E. ゴッフマン著『儀礼としての相互行為：対面行動の社会学』］

2 Harris, T. A. 1967. *I'm OK, You're OK.* New York. Avon. ［トーマス・A. ハリス著、宮崎伸治訳『幸福になる関係、壊れてゆく関係：最良の人間関係をつくる心理学　交流分析より』（同文書院、2000年）］

■ 3　成功する支援関係とは？

1 Yalom, I. 1990. *Love's Executioner.* New York: Harper Perennial. ［アーヴィン・D. ヤーロム著、中野久夫・春海アイ・モンゴメリー訳『恋の死刑執行人：心の治療物語』（三一書房、1990年）］

著者
エドガー・H・シャイン
Edgar H. Schein

シカゴ大学を経て、スタンフォード大学で心理学の修士号を取得。その後ハーバード大学で社会心理学の博士号を獲得。現在は、米国および海外の多くの組織に対し、組織文化や組織開発、プロセス・コンサルテーション、キャリア・ダイナミクスに関するコンサルティングを行っている。社会学、人類学、そして社会心理学の相乗効果を生み出していることで高く評価されている。『キャリア・アンカー』『プロセス・コンサルテーション』『企業文化』『組織文化とリーダーシップ』（以上、白桃書房）、『問いかける技術』『謙虚なコンサルティング』（以上、英治出版）など著書多数。

監訳者
金井壽宏
Toshihiro Kanai

1954年神戸生まれ。京都大学教育学部卒業、神戸大学博士課程前期課程修了後、MIT経営大学院博士課程修了。神戸大学大学院経営学研究科教授として、経営管理と組織行動の科目を担当。『リーダーシップの旅』（光文社）、『リーダーシップ入門』（日経文庫）、『やる気！攻略本』（ミシマ社）、『サーバントリーダーシップ入門』（かんき出版）など著書多数。

訳者
金井真弓
Mayumi Kanai

翻訳家。法政大学文学部卒業。主な訳書に、『ダイアローグ　対立から共生へ、議論から対話へ』『戦略集中講義』『サーバントリーダーシップ』（以上、英治出版）、『サブプライムを売った男の告白』（ダイヤモンド社）などがある。

● 英治出版からのお知らせ

本書に関するご意見・ご感想を E-mail（editor@eijipress.co.jp）で受け付けています。また、英治出版ではメールマガジン、Web メディア、SNS で新刊情報や書籍に関する記事、イベント情報などを配信しております。ぜひ一度、アクセスしてみてください。

メールマガジン：会員登録はホームページにて
Web メディア「英治出版オンライン」：eijionline.com
X / Facebook / Instagram：eijipress

人を助けるとはどういうことか

本当の「協力関係」をつくる７つの原則

発行日	2009年 8月17日 第1版 第1刷 2010年 3月11日 第1版 第6刷 2011年 4月20日 第2版 第1刷 2024年 5月30日 第2版 第9刷
著者	エドガー・H・シャイン
監訳者	金井壽宏（かない・としひろ）
訳者	金井真弓（かない・まゆみ）
発行人	高野達成
発行	英治出版株式会社 〒150-0022 東京都渋谷区恵比寿南 1-9-12 ピトレスクビル 4F 電話 03-5773-0193 FAX 03-5773-0194 www.eijipress.co.jp
プロデューサー	秋元麻希
スタッフ	原田英治 藤竹賢一郎 山下智也 鈴木美穂 下田理 田中三枝 平野貴裕 上村悠也 桑江リリー 石﨑優木 渡邉吏佐子 中西さおり 関紀子 齋藤さくら 荒金真美 廣畑達也
印刷・製本	中央精版印刷株式会社
装丁	重原隆

ISBN978-4-86276-060-9 C0034 Printed in Japan